CHECO

VOCABULÁRIO

PORTUGUÊS BRASILEIRO

PORTUGUÊS CHECO

Para alargar o seu léxico e apurar
as suas competências linguísticas

7000 palavras

Vocabulário Português Brasileiro-Checo - 7000 palavras

Por Andrey Taranov

Os vocabulários da T&P Books destinam-se a ajudar a aprender, a memorizar, e a rever palavras estrangeiras. O dicionário é dividido em temas, cobrindo todas as principais esferas de atividades quotidianas, negócios, ciência, cultura, etc.

O processo de aprendizagem, utilizando os dicionários baseados em temáticas da T&P Books dá-lhe as seguintes vantagens:

- Informação de origem corretamente agrupada predetermina o sucesso em fases subsequentes da memorização de palavras
- Disponibilização de palavras derivadas da mesma raiz, o que permite a memorização de unidades de texto (em vez de palavras separadas)
- Pequenas unidades de palavras facilitam o processo de estabelecimento de vínculos associativos necessários para a consolidação do vocabulário
- O nível de conhecimento da língua pode ser estimado pelo número de palavras aprendidas

T&P Books Publishing
www.tpbooks.com

ISBN: 978-1-78767-352-6

Este livro também está disponível em formato E-book.
Por favor visite www.tpbooks.com ou as principais livrarias on-line.

VOCABULÁRIO CHECO
palavras mais úteis

Os vocabulários da T&P Books destinam-se a ajudar a aprender, a memorizar, e a rever palavras estrangeiras. O vocabulário contém mais de 7000 palavras de uso comum organizadas tematicamente.

O vocabulário contém as palavras mais comummente usadas

Recomendado como adicional para qualquer curso de línguas

Satisfaz as necessidades dos iniciados e dos alunos avançados de línguas estrangeiras

Conveniente para o uso diário, sessões de revisão e atividades de auto-teste

Permite avaliar o seu vocabulário

Características especias do vocabulário

- As palavras estão organizadas de acordo com o seu significado, e não por ordem alfabética
- As palavras são apresentadas em três colunas para facilitar os processos de revisão e auto-teste
- As palavras compostas são divididas em pequenos blocos para facilitar o processo de aprendizagem
- O vocabulário oferece uma transcrição simples e adequada de cada palavra estrangeira

O vocabulário contém 198 tópicos incluindo:

Conceitos básicos, Números, Cores, Meses, Estações do ano, Unidades de medida, Roupas & Acessórios, Alimentos & Nutrição, Restaurante, Membros da Família, Parentes, Caráter, Sentimentos, Emoções, Doenças, Cidade, Passeios, Compras, Dinheiro, Casa, Lar, Escritório, Trabalho no Escritório, Importação & Exportação, Marketing, Pesquisa de Emprego, Esportes, Educação, Computador, Internet, Ferramentas, Natureza, Países, Nacionalidades e muito mais ...

TABELA DE CONTEÚDOS

GUIA DE PRONUNCIAÇÃO

Alfabeto fonético T&P	Exemplo Checo	Exemplo Português
[a]	lavina [lavɪna]	chamar
[aː]	banán [banaːn]	rapaz
[e]	beseda [bɛsɛda]	metal
[ɛː]	chléb [xlɛːp]	plateia
[ɪ]	Bible [bɪblɛ]	sinônimo
[iː]	chudý [xudiː]	cair
[o]	epocha [ɛpoxa]	lobo
[oː]	diagnóza [dɪagnoːza]	albatroz
[u]	dokument [dokumɛnt]	bonita
[uː]	chůva [xuːva]	blusa
[b]	babička [babɪtʃka]	barril
[ts]	celnice [tsɛlnɪtsɛ]	tsé-tsé
[tʃ]	vlčák [vltʃaːk]	Tchau!
[x]	archeologie [arxɛologɪe]	fricativa uvular surda
[d]	delfín [dɛlfiːn]	dentista
[dʲ]	Holanďan [holandʲan]	adiar
[f]	atmosféra [atmosfɛːra]	safári
[g]	galaxie [galaksɪe]	gosto
[h]	knihovna [knɪhovna]	[h] aspirada
[j]	jídlo [jiːdlo]	Vietnã
[k]	zaplakat [zaplakat]	aquilo
[l]	chlapec [xlapɛts]	libra
[m]	modelář [modɛlaːrʃ]	magnólia
[n]	imunita [ɪmunɪta]	natureza
[nʲ]	báseň [baːsɛnʲ]	ninhada
[ŋk]	vstupenka [vstupɛŋka]	alavanca
[p]	poločas [polotʃas]	presente
[r]	senátor [sɛnaːtor]	riscar
[rʒ], [rʃ]	bouřka [bourʃka]	voz
[s]	svoboda [svoboda]	sanita
[ʃ]	šiška [ʃɪʃka]	mês
[t]	turista [turɪsta]	tulipa
[tʲ]	poušť [pouʃtʲ]	sitiar
[v]	veverka [vɛvɛrka]	fava
[z]	zapomínat [zapomiːnat]	sésamo
[ʒ]	ložisko [loʒɪsko]	talvez

ABREVIATURAS
usadas no vocabulário

Abreviaturas do Português

adj	-	adjetivo
adv	-	advérbio
anim.	-	animado
conj.	-	conjunção
desp.	-	esporte
etc.	-	Etcetera
ex.	-	por exemplo
f	-	nome feminino
f pl	-	feminino plural
fem.	-	feminino
inanim.	-	inanimado
m	-	nome masculino
m pl	-	masculino plural
m, f	-	masculino, feminino
masc.	-	masculino
mat.	-	matemática
mil.	-	militar
pl	-	plural
prep.	-	preposição
pron.	-	pronome
sb.	-	sobre
sing.	-	singular
v aux	-	verbo auxiliar
vi	-	verbo intransitivo
vi, vt	-	verbo intransitivo, transitivo
vr	-	verbo reflexivo
vt	-	verbo transitivo

Abreviaturas do Checo

ž	-	nome feminino
ž mn	-	feminino plural
m	-	nome masculino
m mn	-	masculino plural
m, ž	-	masculino, feminino
mn	-	plural
s	-	neutro
s mn	-	neutro plural

CONCEITOS BÁSICOS

Conceitos básicos. Parte 1

1. Pronomes

eu	já	[ja:]
você	ty	[tɪ]
ele	on	[on]
ela	ona	[ona]
nós	my	[mɪ]
vocês	vy	[vɪ]
eles, elas (inanim.)	ony	[onɪ]
eles, elas (anim.)	oni	[onɪ]

2. Cumprimentos. Saudações. Despedidas

Oi!	Dobrý den!	[dobri: dɛn]
Olá!	Dobrý den!	[dobri: dɛn]
Bom dia!	Dobré jitro!	[dobrɛ: jɪtro]
Boa tarde!	Dobrý den!	[dobri: dɛn]
Boa noite!	Dobrý večer!	[dobri: vɛtʃɛr]
cumprimentar (vt)	zdravit	[zdravɪt]
Oi!	Ahoj!	[ahoj]
saudação (f)	pozdrav (m)	[pozdraf]
saudar (vt)	zdravit	[zdravɪt]
Tudo bem?	Jak se máte?	[jak sɛ ma:tɛ]
E aí, novidades?	Co je nového?	[tso jɛ novɛ:ho]
Tchau! Até logo!	Na shledanou!	[na sxlɛdanou]
Até breve!	Brzy na shledanou!	[brzɪ na sxlɛdanou]
Adeus!	Sbohem!	[zbohɛm]
despedir-se (dizer adeus)	loučit se	[loutʃɪt sɛ]
Até mais!	Ahoj!	[ahoj]
Obrigado! -a!	Děkuji!	[dekujɪ]
Muito obrigado! -a!	Děkuji mnohokrát!	[dekujɪ mnohokra:t]
De nada	Prosím	[prosi:m]
Não tem de quê	Nemoci se dočkat	[nɛmotsɪ sɛ dotʃkat]
Não foi nada!	Není zač	[nɛni: zatʃ]
Desculpa!	Promiň!	[promɪnʲ]
Desculpe!	Promiňte!	[promɪnʲtɛ]
desculpar (vt)	omlouvat	[omlouvat]

desculpar-se (vr)	omlouvat se	[omlouvat sɛ]
Me desculpe	Má soustrast	[ma: soustrast]
Desculpe!	Promiňte!	[promɪnʲtɛ]
perdoar (vt)	omlouvat	[omlouvat]
por favor	prosím	[prosi:m]

Não se esqueça!	Nezapomeňte!	[nɛzapomɛnʲtɛ]
Com certeza!	Jistě!	[jɪste]
Claro que não!	Rozhodně ne!	[rozhodne nɛ]
Está bem! De acordo!	Souhlasím!	[souhlasi:m]
Chega!	Dost!	[dost]

3. Números cardinais. Parte 1

zero	nula (ż)	[nula]
um	jeden	[jɛdɛn]
dois	dva	[dva]
três	tři	[trʃɪ]
quatro	čtyři	[ʧtɪrʒɪ]

cinco	pět	[pet]
seis	šest	[ʃɛst]
sete	sedm	[sɛdm]
oito	osm	[osm]
nove	devět	[dɛvet]

dez	deset	[dɛsɛt]
onze	jedenáct	[jɛdɛna:ʦt]
doze	dvanáct	[dvana:ʦt]
treze	třináct	[trʃɪna:ʦt]
catorze	čtrnáct	[ʧtrna:ʦt]

quinze	patnáct	[patna:ʦt]
dezesseis	šestnáct	[ʃɛstna:ʦt]
dezessete	sedmnáct	[sɛdmna:ʦt]
dezoito	osmnáct	[osmna:ʦt]
dezenove	devatenáct	[dɛvatɛna:ʦt]

vinte	dvacet	[dvaʦɛt]
vinte e um	dvacet jeden	[dvaʦɛt jɛdɛn]
vinte e dois	dvacet dva	[dvaʦɛt dva]
vinte e três	dvacet tři	[dvaʦɛt trʃɪ]

trinta	třicet	[trʃɪʦɛt]
trinta e um	třicet jeden	[trʃɪʦɛt jɛdɛn]
trinta e dois	třicet dva	[trʃɪʦɛt dva]
trinta e três	třicet tři	[trʃɪʦɛt trʃɪ]

quarenta	čtyřicet	[ʧtɪrʒɪʦɛt]
quarenta e um	čtyřicet jeden	[ʧtɪrʒɪʦɛt jɛdɛn]
quarenta e dois	čtyřicet dva	[ʧtɪrʒɪʦɛt dva]
quarenta e três	čtyřicet tři	[ʧtɪrʒɪʦɛt trʃɪ]
cinquenta	padesát	[padesa:t]
cinquenta e um	padesát jeden	[padesa:t jɛdɛn]

cinquenta e dois	padesát dva	[padesa:t dva]
cinquenta e três	padesát tři	[padesa:t trʃɪ]
sessenta	šedesát	[ʃɛdɛsa:t
sessenta e um	šedesát jeden	[ʃɛdɛsa:t jɛdɛn]
sessenta e dois	šedesát dva	[ʃɛdɛsa:t dva]
sessenta e três	šedesát tři	[ʃɛdɛsa:t trʃɪ]
setenta	sedmdesát	[sɛdmdɛsa:t
setenta e um	sedmdesát jeden	[sɛdmdɛsa:t jɛdɛn]
setenta e dois	sedmdesát dva	[sɛdmdɛsa:t dva]
setenta e três	sedmdesát tři	[sɛdmdɛsa:t trʃɪ]
oitenta	osmdesát	[osmdɛsa:t
oitenta e um	osmdesát jeden	[osmdɛsa:t jɛdɛn]
oitenta e dois	osmdesát dva	[osmdɛsa:t dva]
oitenta e três	osmdesát tři	[osmdɛsa:t trʃɪ]
noventa	devadesát	[dɛvadɛsa:t
noventa e um	devadesát jeden	[dɛvadɛsa:t jɛdɛn]
noventa e dois	devadesát dva	[dɛvadɛsa:t dva]
noventa e três	devadesát tři	[dɛvadɛsa:t trʃɪ]

4. Números cardinais. Parte 2

cem	sto	[sto]
duzentos	dvě stě	[dve ste]
trezentos	tři sta	[trʃɪ sta]
quatrocentos	čtyři sta	[tʃtɪrʒɪ sta]
quinhentos	pět set	[pet sɛt]
seiscentos	šest set	[ʃɛst sɛt]
setecentos	sedm set	[sɛdm sɛt]
oitocentos	osm set	[osm sɛt]
novecentos	devět set	[dɛvet sɛt]
mil	tisíc (m)	[tɪsi:ʦ]
dois mil	dva tisíce	[dva tɪsi:ʦɛ]
três mil	tři tisíce	[trʃɪ tɪsi:ʦɛ]
dez mil	deset tisíc	[dɛsɛt tɪsi:ʦ]
cem mil	sto tisíc	[sto tɪsi:ʦ]
um milhão	milión (m)	[mɪlɪo:n]
um bilhão	miliarda (ż)	[mɪlɪarda]

5. Números. Frações

fração (f)	zlomek (m)	[zlomɛk]
um meio	polovina (ż)	[polovɪna]
um terço	třetina (ż)	[trʃɛtɪna]
um quarto	čtvrtina (ż)	[tʃtvrtɪna]
um oitavo	osmina (ż)	[osmɪna]
um décimo	desetina (ż)	[dɛsɛtɪna]

| dois terços | dvě třetiny (ž) | [dve trʃɛtɪnɪ] |
| três quartos | tři čtvrtiny (ž) | [trʃɪ tʃtvrtɪnɪ] |

6. Números. Operações básicas

subtração (f)	odčítání (s)	[odtʃi:ta:ni:]
subtrair (vi, vt)	odčítat	[odtʃi:tat]
divisão (f)	dělení (s)	[delɛni:]
dividir (vt)	dělit	[delɪt]

adição (f)	sčítání (s)	[stʃi:ta:ni:]
somar (vt)	sečíst	[sɛtʃi:st]
adicionar (vt)	přidávat	[prʃɪda:vat]
multiplicação (f)	násobení (s)	[na:sobɛni:]
multiplicar (vt)	násobit	[na:sobɪt]

7. Números. Diversos

algarismo, dígito (m)	číslice (ž)	[tʃi:slɪtsɛ]
número (m)	číslo (s)	[tʃi:slo]
numeral (m)	číslovka (ž)	[tʃi:slofka]
menos (m)	minus (m)	[mi:nus]
mais (m)	plus (m)	[plus]
fórmula (f)	vzorec (m)	[vzorɛts]

cálculo (m)	vypočítávání (s)	[vɪpotʃi:ta:va:ni:]
contar (vt)	počítat	[potʃi:tat]
calcular (vt)	vypočítávat	[vɪpotʃi:ta:vat]
comparar (vt)	srovnávat	[srovna:vat]

Quanto, -os, -as?	Kolik?	[kolɪk]
soma (f)	součet (m)	[soutʃɛt]
resultado (m)	výsledek (m)	[vi:slɛdɛk]
resto (m)	zůstatek (m)	[zu:statɛk]

alguns, algumas ...	několik	[nekolɪk]
pouco (~ tempo)	málo	[ma:lo]
resto (m)	zbytek (m)	[zbɪtɛk]
um e meio	půl druhého	[pu:l druhɛ:ho]
dúzia (f)	tucet (m)	[tutsɛt]

ao meio	napolovic	[napolovɪts]
em partes iguais	stejně	[stɛjne]
metade (f)	polovina (ž)	[polovɪna]
vez (f)	krát	[kra:t]

8. Os verbos mais importantes. Parte 1

| abrir (vt) | otvírat | [otvi:rat] |
| acabar, terminar (vt) | končit | [kontʃɪt] |

aconselhar (vt)	radit	[radɪt]
adivinhar (vt)	rozluštit	[rozluʃtɪt]
advertir (vt)	upozorňovat	[upozorniovat]
ajudar (vt)	pomáhat	[poma:hat]
almoçar (vi)	obědvat	[obedvat]
alugar (~ um apartamento)	pronajímat si	[pronaji:mat sɪ]
amar (pessoa)	milovat	[mɪlovat]
ameaçar (vt)	vyhrožovat	[vɪhroʒovat]
anotar (escrever)	zapisovat si	[zapɪsovat sɪ]
apressar-se (vr)	spěchat	[spexat]
arrepender-se (vr)	litovat	[lɪtovat]
assinar (vt)	podepisovat	[podɛpɪsovat]
brincar (vi)	žertovat	[ʒertovat]
brincar, jogar (vi, vt)	hrát	[hra:t]
buscar (vt)	hledat	[hlɛdat]
caçar (vi)	lovit	[lovɪt]
cair (vi)	padat	[padat]
cavar (vt)	rýt	[ri:t]
chamar (~ por socorro)	volat	[volat]
chegar (vi)	přijíždět	[prʃɪji:ʒdet]
chorar (vi)	plakat	[plakat]
começar (vt)	začínat	[zatʃi:nat]
comparar (vt)	porovnávat	[porovna:vat]
concordar (dizer "sim")	souhlasit	[souhlasɪt]
confiar (vt)	důvěřovat	[du:verʒovat]
confundir (equivocar-se)	plést	[plɛ:st]
conhecer (vt)	znát	[zna:t]
contar (fazer contas)	počítat	[potʃi:tat]
contar com ...	spoléhat na ...	[spolɛ:hat na]
continuar (vt)	pokračovat	[pokratʃovat]
controlar (vt)	kontrolovat	[kontrolovat]
convidar (vt)	zvát	[zva:t]
correr (vi)	běžet	[beʒet]
criar (vt)	vytvořit	[vɪtvorʒɪt]
custar (vt)	stát	[sta:t]

9. Os verbos mais importantes. Parte 2

dar (vt)	dávat	[da:vat]
dar uma dica	narážet	[nara:ʒet]
decorar (enfeitar)	zdobit	[zdobɪt]
defender (vt)	bránit	[bra:nɪt]
deixar cair (vt)	pouštět	[pouʃtet]
descer (para baixo)	jít dolů	[ji:t dolu:]
desculpar-se (vr)	omlouvat se	[omlouvat sɛ]
dirigir (~ uma empresa)	řídit	[rʒi:dɪt]
discutir (notícias, etc.)	projednávat	[projɛdna:vat]

disparar, atirar (vi)	střílet	[strʃiːlɛt]
dizer (vt)	říci	[rʒiːtsɪ]
duvidar (vt)	pochybovat	[poxɪbovat]
encontrar (achar)	nacházet	[naxaːzɛt]
enganar (vt)	podvádět	[podvaːdet]

entender (vt)	rozumět	[rozumnet]
entrar (na sala, etc.)	vcházet	[vxaːzet]
enviar (uma carta)	odesílat	[odɛsiːlat]
errar (enganar-se)	mýlit se	[miːlɪt sɛ]
escolher (vt)	vybírat	[vɪbiːrat]

esconder (vt)	schovávat	[sxovaːvat]
escrever (vt)	psát	[psaːt]
esperar (aguardar)	čekat	[tʃɛkat]
esperar (ter esperança)	doufat	[doufat]
esquecer (vt)	zapomínat	[zapomiːnat]

estudar (vt)	studovat	[studovat]
exigir (vt)	žádat	[ʒaːdat]
existir (vi)	existovat	[ɛgzɪstovat]
explicar (vt)	vysvětlovat	[vɪsvetlovat]

falar (vi)	mluvit	[mluvɪt]
faltar (a la escuela, etc.)	zameškávat	[zameʃkaːvat]
fazer (vt)	dělat	[delat]
ficar em silêncio	mlčet	[mltʃɛt]
gabar-se (vr)	vychloubat se	[vɪxloubat sɛ]

gostar (apreciar)	líbit se	[liːbɪt sɛ]
gritar (vi)	křičet	[krʃɪtʃɛt]
guardar (fotos, etc.)	zachovávat	[zaxovaːvat]
informar (vt)	informovat	[ɪnformovat]
insistir (vi)	trvat	[trvat]

insultar (vt)	urážet	[uraːʒet]
interessar-se (vr)	zajímat se	[zajiːmat sɛ]
ir (a pé)	jít	[jiːt]
ir nadar	koupat se	[koupat sɛ]
jantar (vi)	večeřet	[vɛtʃɛrʒet]

10. Os verbos mais importantes. Parte 3

ler (vt)	číst	[tʃiːst]
libertar, liberar (vt)	osvobozovat	[osvobozovat]
matar (vt)	zabíjet	[zabiːjɛt]
mencionar (vt)	zmiňovat se	[zmɪnʲovat sɛ]
mostrar (vt)	ukazovat	[ukazovat]

mudar (modificar)	změnit	[zmnenɪt]
nadar (vi)	plavat	[plavat]
negar-se a … (vr)	odmítat	[odmiːtat]
objetar (vt)	namítat	[namiːtat]
observar (vt)	pozorovat	[pozorovat]

ordenar (mil.)	rozkazovat	[roskazovat]
ouvir (vt)	slyšet	[slɪʃɛt]
pagar (vt)	platit	[platɪt]
parar (vi)	zastavovat se	[zastavovat sɛ]
parar, cessar (vt)	zastavovat	[zastavovat]
participar (vi)	zúčastnit se	[zu:tʃastnɪt sɛ]
pedir (comida, etc.)	objednávat	[objɛdna:vat]
pedir (um favor, etc.)	prosit	[prosɪt]
pegar (tomar)	brát	[bra:t]
pegar (uma bola)	chytat	[xɪtat]
pensar (vi, vt)	myslit	[mɪslɪt]
perceber (ver)	všímat si	[vʃi:mat sɪ]
perdoar (vt)	odpouštět	[otpouʃtet]
perguntar (vt)	ptát se	[pta:t sɛ]
permitir (vt)	dovolovat	[dovolovat]
pertencer a ... (vi)	patřit	[patrʃɪt]
planejar (vt)	plánovat	[pla:novat]
poder (~ fazer algo)	moci	[motsɪ]
possuir (uma casa, etc.)	vlastnit	[vlastnɪt]
preferir (vt)	dávat přednost	[da:vat prʃɛdnost]
preparar (vt)	vařit	[varʒɪt]
prever (vt)	předvídat	[prʃɛdvi:dat]
prometer (vt)	slibovat	[slɪbovat]
pronunciar (vt)	vyslovovat	[vɪslovovat]
propor (vt)	nabízet	[nabi:zɛt]
punir (castigar)	trestat	[trɛstat]
quebrar (vt)	lámat	[la:mat]
queixar-se de ...	stěžovat si	[steʒovat sɪ]
querer (desejar)	chtít	[xti:t]

11. Os verbos mais importantes. Parte 4

ralhar, repreender (vt)	nadávat	[nada:vat]
recomendar (vt)	doporučovat	[doporutʃovat]
repetir (dizer outra vez)	opakovat	[opakovat]
reservar (~ um quarto)	rezervovat	[rɛzɛrvovat]
responder (vt)	odpovídat	[otpovi:dat]
rezar, orar (vi)	modlit se	[modlɪt sɛ]
rir (vi)	smát se	[sma:t sɛ]
roubar (vt)	krást	[kra:st]
saber (vt)	vědět	[vedet]
sair (~ de casa)	vycházet	[vɪxa:zɛt]
salvar (resgatar)	zachraňovat	[zaxranʲovat]
seguir (~ alguém)	následovat	[na:slɛdovat]
sentar-se (vr)	sednout si	[sednout sɪ]
ser necessário	být potřebný	[bi:t potrʃɛbni:]
ser, estar	být	[bi:t]

significar (vt)	znamenat	[znamɛnat]
sorrir (vi)	usmívat se	[usmi:vat sɛ]
subestimar (vt)	podceňovat	[podtsɛnʲovat]
surpreender-se (vr)	divit se	[dɪvɪt sɛ]

tentar (~ fazer)	zkoušet	[skouʃɛt]
ter (vt)	mít	[mi:t]
ter fome	mít hlad	[mi:t hlat]

ter medo	bát se	[ba:t sɛ]
ter sede	mít žízeň	[mi:t ʒi:zɛnʲ]
tocar (com as mãos)	dotýkat se	[doti:kat sɛ]
tomar café da manhã	snídat	[sni:dat]
trabalhar (vi)	pracovat	[pratsovat]
traduzir (vt)	překládat	[prʃɛkla:dat]

unir (vt)	sjednocovat	[sjɛdnotsovat]
vender (vt)	prodávat	[proda:vat]
ver (vt)	vidět	[vɪdet]
virar (~ para a direita)	zatáčet	[zata:ʧɛt]
voar (vi)	letět	[lɛtet]

12. Cores

cor (f)	barva (ž)	[barva]
tom (m)	odstín (m)	[otsti:n]
tonalidade (m)	tón (m)	[to:n]
arco-íris (m)	duha (ž)	[duha]

branco (adj)	bílý	[bi:li:]
preto (adj)	černý	[ʧɛrni:]
cinza (adj)	šedý	[ʃɛdi:]

verde (adj)	zelený	[zɛlɛni:]
amarelo (adj)	žlutý	[ʒluti:]
vermelho (adj)	červený	[ʧɛrvɛni:]

azul (adj)	modrý	[modri:]
azul claro (adj)	bledě modrý	[blɛde modri:]
rosa (adj)	růžový	[ru:ʒovi:]
laranja (adj)	oranžový	[oranʒovi:]
violeta (adj)	fialový	[fɪalovi:]
marrom (adj)	hnědý	[hnedi:]

| dourado (adj) | zlatý | [zlati:] |
| prateado (adj) | stříbřitý | [strʃi:brʒɪti:] |

bege (adj)	béžový	[bɛ:ʒovi:]
creme (adj)	krémový	[krɛ:movi:]
turquesa (adj)	tyrkysový	[tɪrkɪsovi:]
vermelho cereja (adj)	višňový	[vɪʃnʲovi:]
lilás (adj)	lila	[lɪla]
carmim (adj)	malinový	[malɪnovi:]
claro (adj)	světlý	[svetli:]

| escuro (adj) | tmavý | [tmavi:] |
| vivo (adj) | jasný | [jasni:] |

de cor	barevný	[barɛvni:]
a cores	barevný	[barɛvni:]
preto e branco (adj)	černobílý	[ʧɛrnobi:li:]
unicolor (de uma só cor)	jednobarevný	[jɛdnobarɛvni:]
multicolor (adj)	různobarevný	[ru:znobarɛvni:]

13. Questões

Quem?	Kdo?	[gdo]
O que?	Co?	[ʦo]
Onde?	Kde?	[gdɛ]
Para onde?	Kam?	[kam]
De onde?	Odkud?	[otkut]
Quando?	Kdy?	[gdɪ]
Para quê?	Proč?	[proʧ]
Por quê?	Proč?	[proʧ]

Para quê?	Na co?	[na ʦo]
Como?	Jak?	[jak]
Qual (~ é o problema?)	Jaký?	[jaki:]
Qual (~ deles?)	Který?	[ktɛri:]

A quem?	Komu?	[komu]
De quem?	O kom?	[o kom]
Do quê?	O čem?	[o ʧɛm]
Com quem?	S kým?	[s ki:m]

| Quanto, -os, -as? | Kolik? | [kolɪk] |
| De quem? (masc.) | Čí? | [ʧi:] |

14. Palavras funcionais. Advérbios. Parte 1

Onde?	Kde?	[gdɛ]
aqui	zde	[zdɛ]
lá, ali	tam	[tam]

| em algum lugar | někde | [negdɛ] |
| em lugar nenhum | nikde | [nɪgdɛ] |

| perto de ... | u ... | [u] |
| perto da janela | u okna | [u okna] |

Para onde?	Kam?	[kam]
aqui	sem	[sɛm]
para lá	tam	[tam]
daqui	odsud	[otsut]
de lá, dali	odtamtud	[odtamtut]
perto	blízko	[bli:sko]
longe	daleko	[dalɛko]

perto de ...	kolem	[kolɛm]
à mão, perto	poblíž	[pobli:ʒ]
não fica longe	nedaleko	[nɛdalɛko]
esquerdo (adj)	levý	[lɛvi:]
à esquerda	zleva	[zlɛva]
para a esquerda	vlevo	[vlɛvo]
direito (adj)	pravý	[pravi:]
à direita	zprava	[sprava]
para a direita	vpravo	[vpravo]
em frente	zpředu	[sprʃɛdu]
da frente	přední	[prʃɛdni:]
adiante (para a frente)	vpřed	[vprʃɛt]
atrás de ...	za	[za]
de trás	zezadu	[zɛzadu]
para trás	zpět	[spet]
meio (m), metade (f)	střed (m)	[strʃɛt]
no meio	uprostřed	[uprostrʃɛt]
do lado	z boku	[z boku]
em todo lugar	všude	[vʃudɛ]
por todos os lados	kolem	[kolɛm]
de dentro	zevnitř	[zɛvnɪtrʃ]
para algum lugar	někam	[nekam]
diretamente	přímo	[prʃi:mo]
de volta	zpět	[spet]
de algum lugar	odněkud	[odnekut]
de algum lugar	odněkud	[odnekut]
em primeiro lugar	za prvé	[za prvɛ:]
em segundo lugar	za druhé	[za druhɛ:]
em terceiro lugar	za třetí	[za trʃɛti:]
de repente	najednou	[najɛdnou]
no início	zpočátku	[spotʃa:tku]
pela primeira vez	poprvé	[poprvɛ:]
muito antes de ...	dávno před ...	[da:vno prʃɛt]
de novo	znovu	[znovu]
para sempre	navždy	[navʒdɪ]
nunca	nikdy	[nɪgdɪ]
de novo	opět	[opet]
agora	nyní	[nɪni:]
frequentemente	často	[tʃasto]
então	tehdy	[tɛhdɪ]
urgentemente	neodkladně	[nɛotkladne]
normalmente	obyčejně	[obɪtʃɛjne]
a propósito, ...	mimochodem	[mɪmoxodɛm]
é possível	možná	[moʒna:]

provavelmente	asi	[asɪ]
talvez	možná	[moʒna:]
além disso, ...	kromě toho ...	[kromne toho]
por isso ...	proto ...	[proto]
apesar de ...	nehledě na ...	[nɛhlɛde na]
graças a ...	díky ...	[di:kɪ]

que (pron.)	co	[ʦo]
que (conj.)	že	[ʒe]
algo	něco	[neʦo]
alguma coisa	něco	[neʦo]
nada	nic	[nɪʦ]

quem	kdo	[gdo]
alguém (~ que ...)	někdo	[negdo]
alguém (com ~)	někdo	[negdo]

ninguém	nikdo	[nɪgdo]
para lugar nenhum	nikam	[nɪkam]
de ninguém	ničí	[nɪʧi:]
de alguém	něčí	[neʧi:]

tão	tak	[tak]
também (gostaria ~ de ...)	také	[takɛ:]
também (~ eu)	také	[takɛ:]

15. Palavras funcionais. Advérbios. Parte 2

Por quê?	Proč?	[proʧ]
por alguma razão	z nějakých důvodů	[z nejaki:x du:vodu:]
porque ...	protože ...	[protoʒe]
por qualquer razão	z nějakých důvodů	[z nejaki:x du:vodu:]

e (tu ~ eu)	a	[a]
ou (ser ~ não ser)	nebo	[nɛbo]
mas (porém)	ale	[alɛ]
para (~ a minha mãe)	pro	[pro]

muito, demais	příliš	[prʃi:lɪʃ]
só, somente	jenom	[jɛnom]
exatamente	přesně	[prʃɛsne]
cerca de (~ 10 kg)	kolem	[kolɛm]

aproximadamente	přibližně	[prʃɪblɪʒne]
aproximado (adj)	přibližný	[prʃɪblɪʒni:]
quase	skoro	[skoro]
resto (m)	zbytek (m)	[zbɪtɛk]

cada (adj)	každý	[kaʒdi:]
qualquer (adj)	každý	[kaʒdi:]
muito, muitos, muitas	mnoho	[mnoho]
muitas pessoas	mnozí	[mnozi:]
todos	všichni	[vʃɪxnɪ]
em troca de ...	výměnou za ...	[vi:mnenou za]

em troca	místo	[mi:sto]
à mão	ručně	[rutʃne]
pouco provável	sotva	[sotva]

provavelmente	asi	[asɪ]
de propósito	schválně	[sxva:lne]
por acidente	náhodou	[na:hodou]

muito	velmi	[vɛlmɪ]
por exemplo	například	[naprʃi:klat]
entre	mezi	[mɛzɪ]
entre (no meio de)	mezi	[mɛzɪ]
tanto	tolik	[tolɪk]
especialmente	zejména	[zɛjmɛ:na]

Conceitos básicos. Parte 2

16. Opostos

rico (adj)	bohatý	[bohati:]
pobre (adj)	chudý	[xudi:]
doente (adj)	nemocný	[nɛmotsni:]
bem (adj)	zdravý	[zdravi:]
grande (adj)	velký	[vɛlki:]
pequeno (adj)	malý	[mali:]
rapidamente	rychle	[rɪxlɛ]
lentamente	pomalu	[pomalu]
rápido (adj)	rychlý	[rɪxli:]
lento (adj)	pomalý	[pomali:]
alegre (adj)	veselý	[vɛsɛli:]
triste (adj)	smutný	[smutni:]
juntos (ir ~)	spolu	[spolu]
separadamente	zvlášť	[zvla:ʃtʲ]
em voz alta (ler ~)	nahlas	[nahlas]
para si (em silêncio)	pro sebe	[pro sɛbɛ]
alto (adj)	vysoký	[vɪsoki:]
baixo (adj)	nízký	[ni:ski:]
profundo (adj)	hluboký	[hluboki:]
raso (adj)	mělký	[mnɛlki:]
sim	ano	[ano]
não	ne	[nɛ]
distante (adj)	daleký	[dalɛki:]
próximo (adj)	blízký	[bli:ski:]
longe	daleko	[dalɛko]
à mão, perto	vedle	[vɛdlɛ]
longo (adj)	dlouhý	[dlouhi:]
curto (adj)	krátký	[kra:tki:]
bom (bondoso)	dobrý	[dobri:]
mal (adj)	zlý	[zli:]
casado (adj)	ženatý	[ʒenati:]

| solteiro (adj) | svobodný | [svobodni:] |

| proibir (vt) | zakázat | [zaka:zat] |
| permitir (vt) | dovolit | [dovolɪt] |

| fim (m) | konec (m) | [konɛts] |
| início (m) | začátek (m) | [zatʃa:tɛk] |

| esquerdo (adj) | levý | [lɛvi:] |
| direito (adj) | pravý | [pravi:] |

| primeiro (adj) | první | [prvni:] |
| último (adj) | poslední | [poslɛdni:] |

| crime (m) | zločin (m) | [zlotʃɪn] |
| castigo (m) | trest (m) | [trɛst] |

| ordenar (vt) | rozkázat | [roska:zat] |
| obedecer (vt) | podřídit se | [podrʒi:dɪt sɛ] |

| reto (adj) | přímý | [prʃi:mi:] |
| curvo (adj) | křivý | [krʃɪvi:] |

| paraíso (m) | ráj (m) | [ra:j] |
| inferno (m) | peklo (s) | [pɛklo] |

| nascer (vi) | narodit se | [narodɪt sɛ] |
| morrer (vi) | umřít | [umrʒi:t] |

| forte (adj) | silný | [sɪlni:] |
| fraco, débil (adj) | slabý | [slabi:] |

| velho, idoso (adj) | starý | [stari:] |
| jovem (adj) | mladý | [mladi:] |

| velho (adj) | starý | [stari:] |
| novo (adj) | nový | [novi:] |

| duro (adj) | tvrdý | [tvrdi:] |
| macio (adj) | měkký | [mneki:] |

| quente (adj) | teplý | [tɛpli:] |
| frio (adj) | studený | [studɛni:] |

| gordo (adj) | tlustý | [tlusti:] |
| magro (adj) | hubený | [hubɛni:] |

| estreito (adj) | úzký | [u:ski:] |
| largo (adj) | široký | [ʃɪroki:] |

| bom (adj) | dobrý | [dobri:] |
| mau (adj) | špatný | [ʃpatni:] |

| valente, corajoso (adj) | chrabrý | [xrabri:] |
| covarde (adj) | bázlivý | [ba:zlɪvi:] |

17. Dias da semana

segunda-feira (f)	pondělí (s)	[pondeli:]
terça-feira (f)	úterý (s)	[u:tɛri:]
quarta-feira (f)	středa (ž)	[strʃɛda]
quinta-feira (f)	čtvrtek (m)	[tʃtvrtɛk]
sexta-feira (f)	pátek (m)	[pa:tɛk]
sábado (m)	sobota (ž)	[sobota]
domingo (m)	neděle (ž)	[nɛdelɛ]
hoje	dnes	[dnɛs]
amanhã	zítra	[zi:tra]
depois de amanhã	pozítří	[pozi:trʃi:]
ontem	včera	[vtʃɛra]
anteontem	předevčírem	[prʃɛdɛvtʃi:rɛm]
dia (m)	den (m)	[dɛn]
dia (m) de trabalho	pracovní den (m)	[pratsovni: dɛn]
feriado (m)	sváteční den (m)	[sva:tɛtʃni: dɛn]
dia (m) de folga	volno (s)	[volno]
fim (m) de semana	víkend (m)	[vi:kɛnt]
o dia todo	celý den	[tsɛli: dɛn]
no dia seguinte	příští den	[prʃi:ʃti: dɛn]
há dois dias	před dvěma dny	[prʃɛd dvema dnɪ]
na véspera	den předtím	[dɛn prʃɛdti:m]
diário (adj)	denní	[dɛnni:]
todos os dias	denně	[dɛnne]
semana (f)	týden (m)	[ti:dɛn]
na semana passada	minulý týden	[mɪnuli: ti:dɛn]
semana que vem	příští týden	[prʃi:ʃti ti:dɛn]
semanal (adj)	týdenní	[ti:dɛnni:]
toda semana	týdně	[ti:dne]
duas vezes por semana	dvakrát týdně	[dvakra:t ti:dne]
toda terça-feira	každé úterý	[kaʒdɛ: u:tɛri:]

18. Horas. Dia e noite

manhã (f)	ráno (s)	[ra:no]
de manhã	ráno	[ra:no]
meio-dia (m)	poledne (s)	[polɛdnɛ]
à tarde	odpoledne	[otpolɛdnɛ]
tardinha (f)	večer (m)	[vɛtʃɛr]
à tardinha	večer	[vɛtʃɛr]
noite (f)	noc (ž)	[nots]
à noite	v noci	[v notsɪ]
meia-noite (f)	půlnoc (ž)	[pu:lnots]
segundo (m)	sekunda (ž)	[sɛkunda]
minuto (m)	minuta (ž)	[mɪnuta]
hora (f)	hodina (ž)	[hodɪna]

meia hora (f)	půlhodina (ž)	[pu:lhodɪna]
quarto (m) de hora	čtvrthodina (ž)	[ʧtvrthodɪna]
quinze minutos	patnáct minut	[patna:tst mɪnut]
vinte e quatro horas	den a noc	[dɛn a noʦ]

nascer (m) do sol	východ (m) slunce	[vi:xod sluntsɛ]
amanhecer (m)	úsvit (m)	[u:svɪt]
madrugada (f)	časné ráno (s)	[ʧasnɛ: ra:no]
pôr-do-sol (m)	západ (m) slunce	[za:pat sluntsɛ]

de madrugada	brzy ráno	[brzɪ ra:no]
esta manhã	dnes ráno	[dnɛs ra:no]
amanhã de manhã	zítra ráno	[zi:tra ra:no]

esta tarde	dnes odpoledne	[dnɛs otpolɛdnɛ]
à tarde	odpoledne	[otpolɛdnɛ]
amanhã à tarde	zítra odpoledne	[zi:tra otpolɛdnɛ]

| esta noite, hoje à noite | dnes večer | [dnɛs vɛʧɛr] |
| amanhã à noite | zítra večer | [zi:tra vɛʧɛr] |

às três horas em ponto	přesně ve tři hodiny	[prʃɛsne vɛ trʃɪ hodɪnɪ]
por volta das quatro	kolem čtyř hodin	[kolɛm ʧtɪrʒ hodɪn]
às doze	do dvanácti hodin	[do dvana:tstɪ hodɪn]

em vinte minutos	za dvacet minut	[za dvatsɛt mɪnut]
em uma hora	za hodinu	[za hodɪnu]
a tempo	včas	[vʧas]

... um quarto para	tři čtvrtě	[trʃɪ ʧtvrte]
dentro de uma hora	během hodiny	[behɛm hodɪnɪ]
a cada quinze minutos	každých patnáct minut	[kaʒdi:x patna:tst mɪnut]
as vinte e quatro horas	celodenně	[tsɛlodɛnne]

19. Meses. Estações

janeiro (m)	leden (m)	[lɛdɛn]
fevereiro (m)	únor (m)	[u:nor]
março (m)	březen (m)	[brʒɛzɛn]
abril (m)	duben (m)	[dubɛn]
maio (m)	květen (m)	[kvetɛn]
junho (m)	červen (m)	[ʧɛrvɛn]

julho (m)	červenec (m)	[ʧɛrvɛnɛts]
agosto (m)	srpen (m)	[srpɛn]
setembro (m)	září (s)	[za:rʒi:]
outubro (m)	říjen (m)	[rʒi:jɛn]
novembro (m)	listopad (m)	[lɪstopat]
dezembro (m)	prosinec (m)	[prosɪnɛts]

primavera (f)	jaro (s)	[jaro]
na primavera	na jaře	[na jarʒɛ]
primaveril (adj)	jarní	[jarni:]
verão (m)	léto (s)	[lɛ:to]

no verão	v létě	[v lɛ:te]
de verão	letní	[lɛtni:]

outono (m)	podzim (m)	[podzɪm]
no outono	na podzim	[na podzɪm]
outonal (adj)	podzimní	[podzɪmni:]

inverno (m)	zima (ž)	[zɪma]
no inverno	v zimě	[v zɪmne]
de inverno	zimní	[zɪmni:]
mês (m)	měsíc (m)	[mnesi:ts]
este mês	tento měsíc	[tɛnto mnesi:ts]
mês que vem	příští měsíc	[prʃi:ʃti: mnesi:ts]
no mês passado	minulý měsíc	[mɪnuli: mnesi:ts]

um mês atrás	před měsícem	[prʃɛd mnesi:tsɛm]
em um mês	za měsíc	[za mnesi:ts]
em dois meses	za dva měsíce	[za dva mnesi:tsɛ]
todo o mês	celý měsíc	[tsɛli: mnesi:ts]
um mês inteiro	celý měsíc	[tsɛli: mnesi:ts]

mensal (adj)	měsíční	[mnesi:tʃni:]
mensalmente	každý měsíc	[kaʒdi: mnesi:ts]
todo mês	měsíčně	[mnesi:tʃne]
duas vezes por mês	dvakrát měsíčně	[dvakra:t mnesi:tʃne]

ano (m)	rok (m)	[rok]
este ano	letos	[lɛtos]
ano que vem	příští rok	[prʃi:ʃti: rok]
no ano passado	vloni	[vlonɪ]
há um ano	před rokem	[prʃɛd rokɛm]
em um ano	za rok	[za rok]
dentro de dois anos	za dva roky	[za dva rokɪ]
todo o ano	celý rok	[tsɛli: rok]
um ano inteiro	celý rok	[tsɛli: rok]

cada ano	každý rok	[kaʒdi: rok]
anual (adj)	každoroční	[kaʒdorotʃni:]
anualmente	každoročně	[kaʒdorotʃne]
quatro vezes por ano	čtyřikrát za rok	[tʃtɪrʒɪkra:t za rok]

data (~ de hoje)	datum (s)	[datum]
data (ex. ~ de nascimento)	datum (s)	[datum]
calendário (m)	kalendář (m)	[kalɛnda:rʃ]

meio ano	půl roku	[pu:l roku]
seis meses	půlrok (m)	[pu:lrok]
estação (f)	období (s)	[obdobi:]
século (m)	století (s)	[stolɛti:]

20. Tempo. Diversos

tempo (m)	čas (m)	[tʃas]
momento (m)	okamžik (m)	[okamʒɪk]

instante (m)	okamžik (m)	[okamʒɪk]
instantâneo (adj)	okamžitý	[okamʒɪti:]
lapso (m) de tempo	časový úsek (m)	[ʧasovi: u:sɛk]
vida (f)	život (m)	[ʒɪvot]
eternidade (f)	věčnost (ž)	[vetʃnost]

época (f)	epocha (ž)	[ɛpoxa]
era (f)	éra (ž)	[ɛ:ra]
ciclo (m)	cyklus (m)	[tsɪklus]
período (m)	období (s)	[obdobi:]
prazo (m)	doba (ž)	[doba]

futuro (m)	budoucnost (ž)	[budouʦnost]
futuro (adj)	příští	[prʃi:ʃti:]
da próxima vez	příště	[prʃi:ʃte]
passado (m)	minulost (ž)	[mɪnulost]
passado (adj)	minulý	[mɪnuli:]
na última vez	minule	[mɪnulɛ]
mais tarde	později	[pozdejɪ]
depois de ...	po	[po]
atualmente	nyní	[nɪni:]
agora	teď	[tɛtʲ]
imediatamente	okamžitě	[okamʒɪte]
em breve	brzo	[brzo]
de antemão	předem	[prʃɛdɛm]

há muito tempo	dávno	[da:vno]
recentemente	nedávno	[nɛda:vno]
destino (m)	osud (m)	[osut]
recordações (f pl)	paměť (ž)	[pamnetʲ]
arquivo (m)	archív (m)	[arxi:f]
durante ...	během ...	[behɛm]
durante muito tempo	dlouho	[dlouho]
pouco tempo	nedlouho	[nɛdlouho]
cedo (levantar-se ~)	brzy	[brzɪ]
tarde (deitar-se ~)	pozdě	[pozde]

para sempre	navždy	[navʒdɪ]
começar (vt)	začínat	[zaʧi:nat]
adiar (vt)	posunout	[posunout]

ao mesmo tempo	současně	[souʧasne]
permanentemente	stále	[sta:lɛ]
constante (~ ruído, etc.)	neustálý	[nɛusta:li:]
temporário (adj)	dočasný	[doʧasni:]

às vezes	někdy	[negdɪ]
raras vezes, raramente	málokdy	[ma:logdɪ]
frequentemente	často	[ʧasto]

21. Linhas e formas

| quadrado (m) | čtverec (m) | [ʧtvɛrɛʦ] |
| quadrado (adj) | čtvercový | [ʧtvɛrʦovi:] |

círculo (m)	kruh (m)	[krux]
redondo (adj)	kulatý	[kulati:]
triângulo (m)	trojúhelník (m)	[troju:hɛlni:k]
triangular (adj)	trojúhelníkový	[troju:hɛlni:kovi:]

oval (f)	ovál (m)	[ova:l]
oval (adj)	oválný	[ova:lni:]
retângulo (m)	obdélník (m)	[obdɛ:lni:k]
retangular (adj)	obdélníkový	[obdɛ:lni:kovi:]

pirâmide (f)	jehlan (m)	[jɛhlan]
losango (m)	kosočtverec (m)	[kosoʧtvɛrɛʦ]
trapézio (m)	lichoběžník (m)	[lɪxobeʒni:k]
cubo (m)	krychle (ž)	[krɪxlɛ]
prisma (m)	hranol (m)	[hranol]

circunferência (f)	kružnice (ž)	[kruʒnɪʦɛ]
esfera (f)	sféra (ž)	[sfɛ:ra]
globo (m)	koule (ž)	[koulɛ]
diâmetro (m)	průměr (m)	[pru:mner]
raio (m)	poloměr (m)	[polomner]
perímetro (m)	obvod (m)	[obvot]
centro (m)	střed (m)	[strʃɛt]

horizontal (adj)	vodorovný	[vodorovni:]
vertical (adj)	svislý	[svɪsli:]
paralela (f)	rovnoběžka (ž)	[rovnobeʃka]
paralelo (adj)	paralelní	[paralɛlni:]

linha (f)	linie (ž)	[lɪnɪe]
traço (m)	čára (ž)	[ʧa:ra]
reta (f)	přímka (ž)	[prʃi:mka]
curva (f)	křivka (ž)	[krʃɪfka]
fino (linha ~a)	tenký	[tɛŋki:]
contorno (m)	obrys (m)	[obrɪs]

interseção (f)	průsečík (m)	[pru:sɛʧi:k]
ângulo (m) reto	pravý úhel (m)	[pravi: u:hɛl]
segmento (m)	segment (m)	[sɛgmɛnt]
setor (m)	sektor (m)	[sɛktor]
lado (de um triângulo, etc.)	strana (ž)	[strana]
ângulo (m)	úhel (m)	[u:hɛl]

22. Unidades de medida

peso (m)	váha (ž)	[va:ha]
comprimento (m)	délka (ž)	[dɛ:lka]
largura (f)	šířka (ž)	[ʃi:rʃka]
altura (f)	výška (ž)	[vi:ʃka]
profundidade (f)	hloubka (ž)	[hloupka]
volume (m)	objem (m)	[objɛm]
área (f)	plocha (ž)	[ploxa]
grama (m)	gram (m)	[gram]
miligrama (m)	miligram (m)	[mɪlɪgram]

quilograma (m)	kilogram (m)	[kɪlogram]
tonelada (f)	tuna (ž)	[tuna]
libra (453,6 gramas)	libra (ž)	[lɪbra]
onça (f)	unce (ž)	[untsɛ]

metro (m)	metr (m)	[mɛtr]
milímetro (m)	milimetr (m)	[mɪlɪmɛtr]
centímetro (m)	centimetr (m)	[tsɛntɪmɛtr]
quilômetro (m)	kilometr (m)	[kɪlomɛtr]
milha (f)	míle (ž)	[mi:lɛ]

polegada (f)	coul (m)	[tsoul]
pé (304,74 mm)	stopa (ž)	[stopa]
jarda (914,383 mm)	yard (m)	[jart]

metro (m) quadrado	čtvereční metr (m)	[tʃtvɛrɛtʃni: mɛtr]
hectare (m)	hektar (m)	[hɛktar]

litro (m)	litr (m)	[lɪtr]
grau (m)	stupeň (m)	[stupɛnʲ]
volt (m)	volt (m)	[volt]
ampère (m)	ampér (m)	[ampɛ:r]
cavalo (m) de potência	koňská síla (ž)	[konʲska: si:la]

quantidade (f)	množství (s)	[mnoʒstvi:]
um pouco de ...	trochu ...	[troxu]
metade (f)	polovina (ž)	[polovɪna]
dúzia (f)	tucet (m)	[tutsɛt]
peça (f)	kus (m)	[kus]

tamanho (m), dimensão (f)	rozměr (m)	[rozmner]
escala (f)	měřítko (s)	[mnerʒi:tko]

mínimo (adj)	minimální	[mɪnɪma:lni:]
menor, mais pequeno	nejmenší	[nɛjmɛnʃi:]
médio (adj)	střední	[strʃɛdni:]
máximo (adj)	maximální	[maksɪma:lni:]
maior, mais grande	největší	[nɛjvetʃi:]

23. Recipientes

pote (m) de vidro	sklenice (ž)	[sklɛnɪtsɛ]
lata (~ de cerveja)	plechovka (ž)	[plɛxofka]
balde (m)	vědro (s)	[vedro]
barril (m)	sud (m)	[sut]

bacia (~ de plástico)	mísa (ž)	[mi:sa]
tanque (m)	nádrž (ž)	[na:drʃ]
cantil (m) de bolso	plochá láhev (ž)	[ploxa: la:gɛf]
galão (m) de gasolina	kanystr (m)	[kanɪstr]
cisterna (f)	cisterna (ž)	[tsɪstɛrna]

caneca (f)	hrníček (m)	[hrni:tʃɛk]
xícara (f)	šálek (m)	[ʃa:lɛk]

pires (m)	talířek (m)	[tali:rʒɛk]
copo (m)	sklenice (ž)	[sklɛnɪtsɛ]
taça (f) de vinho	sklenka (ž)	[sklɛŋka]
panela (f)	hrnec (m)	[hrnɛts]

| garrafa (f) | láhev (ž) | [la:hɛf] |
| gargalo (m) | hrdlo (s) | [hrdlo] |

jarra (f)	karafa (ž)	[karafa]
jarro (m)	džbán (m)	[dʒba:n]
recipiente (m)	nádoba (ž)	[na:doba]
pote (m)	hrnec (m)	[hrnɛts]
vaso (m)	váza (ž)	[va:za]

frasco (~ de perfume)	flakón (m)	[flako:n]
frasquinho (m)	lahvička (ž)	[lahvɪtʃka]
tubo (m)	tuba (ž)	[tuba]

saco (ex. ~ de açúcar)	pytel (m)	[pɪtɛl]
sacola (~ plastica)	sáček (m)	[sa:tʃɛk]
maço (de cigarros, etc.)	balíček (m)	[bali:tʃɛk]

caixa (~ de sapatos, etc.)	krabice (ž)	[krabɪtsɛ]
caixote (~ de madeira)	schránka (ž)	[sxra:ŋka]
cesto (m)	koš (m)	[koʃ]

24. Materiais

material (m)	materiál (m)	[matɛrɪa:l]
madeira (f)	dřevo (s)	[drʒɛvo]
de madeira	dřevěný	[drʒɛveni:]

| vidro (m) | sklo (s) | [sklo] |
| de vidro | skleněný | [sklɛneni:] |

| pedra (f) | kámen (m) | [ka:mɛn] |
| de pedra | kamenný | [kamɛnni:] |

| plástico (m) | plast (m) | [plast] |
| plástico (adj) | plastový | [plastovi:] |

| borracha (f) | guma (ž) | [guma] |
| de borracha | gumový | [gumovi:] |

| tecido, pano (m) | látka (ž) | [la:tka] |
| de tecido | z látky | [z la:tkɪ] |

| papel (m) | papír (m) | [papi:r] |
| de papel | papírový | [papi:rovi:] |

papelão (m)	kartón (m)	[karto:n]
de papelão	kartónový	[karto:novi:]
polietileno (m)	polyetylén (m)	[poliɛtɪlɛ:n]
celofane (m)	celofán (m)	[tsɛlofa:n]

madeira (f) compensada	dýha (ž)	[di:ha]
porcelana (f)	porcelán (m)	[portsɛla:n]
de porcelana	porcelánový	[portsɛla:novi:]
argila (f), barro (m)	hlína (ž)	[hli:na]
de barro	hliněný	[hlɪneni:]
cerâmica (f)	keramika (ž)	[kɛramɪka]
de cerâmica	keramický	[kɛramɪtski:]

25. Metais

metal (m)	kov (m)	[kof]
metálico (adj)	kovový	[kovovi:]
liga (f)	slitina (ž)	[slɪtɪna]

ouro (m)	zlato (s)	[zlato]
de ouro	zlatý	[zlati:]
prata (f)	stříbro (s)	[strʃi:bro]
de prata	stříbrný	[strʃi:brni:]

ferro (m)	železo (s)	[ʒelɛzo]
de ferro	železný	[ʒelɛzni:]
aço (m)	ocel (ž)	[otsɛl]
de aço (adj)	ocelový	[otsɛlovi:]
cobre (m)	měď (ž)	[mnetʲ]
de cobre	měděný	[mnedeni:]

alumínio (m)	hliník (m)	[hlɪni:k]
de alumínio	hliníkový	[hlɪni:kovi:]
bronze (m)	bronz (m)	[bronz]
de bronze	bronzový	[bronzovi:]

latão (m)	mosaz (ž)	[mosaz]
níquel (m)	nikl (m)	[nɪkl]
platina (f)	platina (ž)	[platɪna]
mercúrio (m)	rtuť (ž)	[rtutʲ]
estanho (m)	cín (m)	[tsi:n]
chumbo (m)	olovo (s)	[olovo]
zinco (m)	zinek (m)	[zɪnɛk]

O SER HUMANO

O ser humano. O corpo

26. Humanos. Conceitos básicos

ser (m) humano	člověk (m)	[tʃlovek]
homem (m)	muž (m)	[muʃ]
mulher (f)	žena (ž)	[ʒena]
criança (f)	dítě (s)	[di:te]
menina (f)	děvče (s)	[devtʃɛ]
menino (m)	chlapec (m)	[xlapɛts]
adolescente (m)	výrostek (m)	[vi:rostɛk]
velho (m)	stařec (m)	[starʒɛts]
velha (f)	stařena (ž)	[starʒena]

27. Anatomia humana

organismo (m)	organismus (m)	[organɪzmus]
coração (m)	srdce (s)	[srdtsɛ]
sangue (m)	krev (ž)	[krɛf]
artéria (f)	tepna (ž)	[tɛpna]
veia (f)	žíla (ž)	[ʒi:la]
cérebro (m)	mozek (m)	[mozɛk]
nervo (m)	nerv (m)	[nɛrf]
nervos (m pl)	nervy (m mn)	[nɛrvɪ]
vértebra (f)	obratel (m)	[obratɛl]
coluna (f) vertebral	páteř (ž)	[pa:tɛrʃ]
estômago (m)	žaludek (m)	[ʒaludɛk]
intestinos (m pl)	střeva (s mn)	[strʃɛva]
intestino (m)	střevo (s)	[strʃɛvo]
fígado (m)	játra (s mn)	[ja:tra]
rim (m)	ledvina (ž)	[lɛdvɪna]
osso (m)	kost (ž)	[kost]
esqueleto (m)	kostra (ž)	[kostra]
costela (f)	žebro (s)	[ʒebro]
crânio (m)	lebka (ž)	[lɛpka]
músculo (m)	sval (m)	[sval]
bíceps (m)	biceps (m)	[bɪtsɛps]
tríceps (m)	triceps (m)	[trɪtsɛps]
tendão (m)	šlacha (ž)	[ʃlaxa]
articulação (f)	kloub (m)	[kloup]

pulmões (m pl)	plíce (ž mn)	[pli:tsɛ]
órgãos (m pl) genitais	pohlavní orgány (m mn)	[pohlavni: orga:nɪ]
pele (f)	pleť (ž)	[plɛtʲ]

28. Cabeça

cabeça (f)	hlava (ž)	[hlava]
rosto, cara (f)	obličej (ž)	[oblɪtʃɛj]
nariz (m)	nos (m)	[nos]
boca (f)	ústa (s mn)	[u:sta]

olho (m)	oko (s)	[oko]
olhos (m pl)	oči (s mn)	[otʃɪ]
pupila (f)	zornice (ž)	[zornɪtsɛ]
sobrancelha (f)	obočí (s)	[obotʃi:]
cílio (f)	řasa (ž)	[rʒasa]
pálpebra (f)	víčko (s)	[vi:tʃko]

língua (f)	jazyk (m)	[jazɪk]
dente (m)	zub (m)	[zup]
lábios (m pl)	rty (m mn)	[rtɪ]
maçãs (f pl) do rosto	lícní kosti (ž mn)	[li:tsni: kostɪ]
gengiva (f)	dáseň (ž)	[da:sɛnʲ]
palato (m)	patro (s)	[patro]

narinas (f pl)	chřípí (s)	[xrʃi:pi:]
queixo (m)	brada (ž)	[brada]
mandíbula (f)	čelist (ž)	[tʃɛlɪst]
bochecha (f)	tvář (ž)	[tva:rʃ]

testa (f)	čelo (s)	[tʃɛlo]
têmpora (f)	spánek (s)	[spa:nɛk]
orelha (f)	ucho (s)	[uxo]
costas (f pl) da cabeça	týl (m)	[ti:l]
pescoço (m)	krk (m)	[krk]
garganta (f)	hrdlo (s)	[hrdlo]

cabelo (m)	vlasy (m mn)	[vlasɪ]
penteado (m)	účes (m)	[u:tʃɛs]
corte (m) de cabelo	střih (m)	[strʃɪx]
peruca (f)	paruka (ž)	[paruka]

bigode (m)	vousy (m mn)	[vousɪ]
barba (f)	plnovous (m)	[plnovous]
ter (~ barba, etc.)	nosit	[nosɪt]
trança (f)	cop (m)	[tsop]
suíças (f pl)	licousy (m mn)	[lɪtsousɪ]

ruivo (adj)	zrzavý	[zrzavi:]
grisalho (adj)	šedivý	[ʃɛdɪvi:]
careca (adj)	lysý	[lɪsi:]
calva (f)	lysina (ž)	[lɪsɪna]
rabo-de-cavalo (m)	ocas (m)	[otsas]
franja (f)	ofina (ž)	[ofɪna]

29. Corpo humano

mão (f)	ruka (ž)	[ruka]
braço (m)	ruka (ž)	[ruka]
dedo (m)	prst (m)	[prst]
polegar (m)	palec (m)	[palɛts]
dedo (m) mindinho	malíček (m)	[maliːtʃɛk]
unha (f)	nehet (m)	[nɛhɛt]
punho (m)	pěst (ž)	[pest]
palma (f)	dlaň (ž)	[dlanʲ]
pulso (m)	zápěstí (s)	[zaːpɛstiː]
antebraço (m)	předloktí (s)	[prʃɛdlokti:]
cotovelo (m)	loket (m)	[lokɛt]
ombro (m)	rameno (s)	[ramɛno]
perna (f)	noha (ž)	[noha]
pé (m)	chodidlo (s)	[xodɪdlo]
joelho (m)	koleno (s)	[kolɛno]
panturrilha (f)	lýtko (s)	[liːtko]
quadril (m)	stehno (s)	[stɛhno]
calcanhar (m)	pata (ž)	[pata]
corpo (m)	tělo (s)	[telo]
barriga (f), ventre (m)	břicho (s)	[brʒɪxo]
peito (m)	prsa (s mn)	[prsa]
seio (m)	prs (m)	[prs]
lado (m)	bok (m)	[bok]
costas (dorso)	záda (s mn)	[zaːda]
região (f) lombar	kříž (m)	[krʃiːʃ]
cintura (f)	pás (m)	[paːs]
umbigo (m)	pupek (m)	[pupɛk]
nádegas (f pl)	hýždě (ž mn)	[hiːʒde]
traseiro (m)	zadek (m)	[zadɛk]
sinal (m), pinta (f)	mateřské znaménko (s)	[matɛrʃkɛː znamɛːŋko]
tatuagem (f)	tetování (s)	[tɛtovaːniː]
cicatriz (f)	jizva (ž)	[jɪzva]

Vestuário & Acessórios

30. Roupa exterior. Casacos

roupa (f)	oblečení (s)	[oblɛtʃɛni:]
roupa (f) exterior	svrchní oděv (m)	[svrxni: odef]
roupa (f) de inverno	zimní oděv (m)	[zɪmni: odef]
sobretudo (m)	kabát (m)	[kaba:t]
casaco (m) de pele	kožich (m)	[koʒɪx]
jaqueta (f) de pele	krátký kožich (m)	[kra:tki: koʒɪx]
casaco (m) acolchoado	peřová bunda (ž)	[pɛrʒova: bunda]
casaco (m), jaqueta (f)	bunda (ž)	[bunda]
mpermeável (m)	plášť (m)	[pla:ʃtʲ]
a prova d'água	nepromokavý	[nɛpromokavi:]

31. Vestuário de homem & mulher

camisa (f)	košile (ž)	[koʃɪlɛ]
calça (f)	kalhoty (ž mn)	[kalhotɪ]
jeans (m)	džínsy (m mn)	[dʒi:nsɪ]
paletó, terno (m)	sako (s)	[sako]
terno (m)	pánský oblek (m)	[pa:nski: oblɛk]
vestido (ex. ~ de noiva)	šaty (m mn)	[ʃatɪ]
saia (f)	sukně (ž)	[sukne]
blusa (f)	blůzka (ž)	[blu:ska]
casaco (m) de malha	svetr (m)	[svɛtr]
casaco, blazer (m)	žaket (m)	[ʒakɛt]
camiseta (f)	tričko (s)	[trɪtʃko]
short (m)	šortky (ž mn)	[ʃortkɪ]
training (m)	teplákova souprava (ž)	[tɛpla:kova: souprava]
roupão (m) de banho	župan (m)	[ʒupan]
pijama (m)	pyžamo (s)	[pɪʒamo]
suéter (m)	svetr (m)	[svɛtr]
pulôver (m)	pulovr (m)	[pulovr]
colete (m)	vesta (ž)	[vɛsta]
fraque (m)	frak (m)	[frak]
smoking (m)	smoking (m)	[smokɪŋk]
uniforme (m)	uniforma (ž)	[unɪforma]
roupa (f) de trabalho	pracovní oděv (m)	[pratsovni: odef]
macacão (m)	kombinéza (ž)	[kombɪnɛ:za]
jaleco (m), bata (f)	plášť (m)	[pla:ʃtʲ]

32. Vestuário. Roupa interior

roupa (f) íntima	spodní prádlo (s)	[spodni: pra:dlo]
camiseta (f)	tílko (s)	[tilko]
meias (f pl)	ponožky (ž mn)	[ponoʃkɪ]
camisola (f)	noční košile (ž)	[notʃni: koʃɪlɛ]
sutiã (m)	podprsenka (ž)	[potprsɛŋka]
meias longas (f pl)	podkolenky (ž mn)	[potkolɛŋkɪ]
meias-calças (f pl)	punčochové kalhoty (ž mn)	[puntʃoxovɛ: kalgotɪ]
meias (~ de nylon)	punčochy (ž mn)	[puntʃoxɪ]
maiô (m)	plavky (ž mn)	[plafkɪ]

33. Adereços de cabeça

chapéu (m), touca (f)	čepice (ž)	[tʃɛpɪtsɛ]
chapéu (m) de feltro	klobouk (m)	[klobouk]
boné (m) de beisebol	kšiltovka (ž)	[kʃɪltofka]
boina (~ italiana)	čepice (ž)	[tʃɛpɪtsɛ]
boina (ex. ~ basca)	baret (m)	[barɛt]
capuz (m)	kapuce (ž)	[kaputsɛ]
chapéu panamá (m)	panamský klobouk (m)	[panamski: klobouk]
touca (f)	pletená čepice (ž)	[plɛtɛna: tʃɛpɪtsɛ]
lenço (m)	šátek (m)	[ʃa:tɛk]
chapéu (m) feminino	klobouček (m)	[kloboutʃɛk]
capacete (m) de proteção	přilba (ž)	[prʃɪlba]
bibico (m)	lodička (ž)	[lodɪtʃka]
capacete (m)	helma (ž)	[hɛlma]
chapéu-coco (m)	tvrďák (m)	[tvrdʲa:k]
cartola (f)	válec (m)	[va:lɛts]

34. Calçado

calçado (m)	obuv (ž)	[obuʃ]
botinas (f pl), sapatos (m pl)	boty (ž mn)	[botɪ]
sapatos (de salto alto, etc.)	střevíce (m mn)	[strʃɛvi:tsɛ]
botas (f pl)	holínky (ž mn)	[holi:ŋkɪ]
pantufas (f pl)	bačkory (ž mn)	[batʃkorɪ]
tênis (~ Nike, etc.)	tenisky (ž mn)	[tɛnɪskɪ]
tênis (~ Converse)	kecky (ž mn)	[kɛtskɪ]
sandálias (f pl)	sandály (m mn)	[sanda:lɪ]
sapateiro (m)	obuvník (m)	[obuvni:k]
salto (m)	podpatek (m)	[potpatɛk]
par (m)	pár (m)	[pa:r]
cadarço (m)	tkanička (ž)	[tkanɪtʃka]

amarrar os cadarços   **šněrovat**   [ʃnerovat]
calçadeira (f)   **lžíce** (ž) **na boty**   [ʒi:tsɛ na botɪ]
graxa (f) para calçado   **krém** (m) **na boty**   [krɛ:m na botɪ]

35. Têxtil. Tecidos

algodão (m)   **bavlna** (ž)   [bavlna]
de algodão   **bavlněný**   [bavlneni:]
linho (m)   **len** (m)   [lɛn]
de linho   **lněný**   [lneni:]

seda (f)   **hedvábí** (s)   [hɛdva:bi:]
de seda   **hedvábný**   [hɛdva:bni:]
lã (f)   **vlna** (ž)   [vlna]
de lã   **vlněný**   [vlneni:]

veludo (m)   **samet** (m)   [samɛt]
camurça (f)   **semiš** (m)   [sɛmɪʃ]
veludo (m) cotelê   **manšestr** (m)   [manʃɛstr]

nylon (m)   **nylon** (m)   [nɪlon]
de nylon   **nylonový**   [nɪlonovi:]
poliéster (m)   **polyester** (m)   [poliɛstɛr]
de poliéster   **polyesterový**   [poliɛstɛrovi:]

couro (m)   **kůže** (ž)   [ku:ʒe]
de couro   **z kůže, kožený**   [z ku:ʒe], [koʒeni:]
pele (f)   **kožešina** (ž)   [koʒeʃɪna]
de pele   **kožešinový**   [koʒeʃɪnovi:]

36. Acessórios pessoais

luva (f)   **rukavice** (ž mn)   [rukavɪtsɛ]
mitenes (f pl)   **palčáky** (m mn)   [paltʃa:kɪ]
cachecol (m)   **šála** (ž)   [ʃa:la]

óculos (m pl)   **brýle** (ž mn)   [bri:lɛ]
armação (f)   **obroučky** (m mn)   [obroutʃkɪ]
guarda-chuva (m)   **deštník** (m)   [dɛʃtni:k]
bengala (f)   **hůl** (ž)   [hu:l]
escova (f) para o cabelo   **kartáč** (m) **na vlasy**   [karta:tʃ na vlasɪ]
leque (m)   **vějíř** (m)   [veji:rʃ]

gravata (f)   **kravata** (ž)   [kravata]
gravata-borboleta (f)   **motýlek** (m)   [moti:lɛk]
suspensórios (m pl)   **šle** (ž mn)   [ʃlɛ]
lenço (m)   **kapesník** (m)   [kapesni:k]

pente (m)   **hřeben** (m)   [hrʒɛbɛn]
fivela (f) para cabelo   **sponka** (ž)   [spoŋka]
grampo (m)   **vlásnička** (ž)   [vla:snɪtʃka]
fivela (f)   **spona** (ž)   [spona]

| cinto (m) | pás (m) | [pa:s] |
| alça (f) de ombro | řemen (m) | [rʒɛmɛn] |

bolsa (f)	taška (ž)	[taʃka]
bolsa (feminina)	kabelka (ž)	[kabɛlka]
mochila (f)	batoh (m)	[batox]

37. Vestuário. Diversos

moda (f)	móda (ž)	[mo:da]
na moda (adj)	módní	[mo:dni:]
estilista (m)	modelář (m)	[modɛla:rʃ]

colarinho (m)	límec (m)	[li:mɛts]
bolso (m)	kapsa (ž)	[kapsa]
de bolso	kapesní	[kapɛsni:]
manga (f)	rukáv (m)	[ruka:f]
ganchinho (m)	poutko (s)	[poutko]
bragueta (f)	poklopec (m)	[poklopɛts]

zíper (m)	zip (m)	[zɪp]
colchete (m)	spona (ž)	[spona]
botão (m)	knoflík (m)	[knofli:k]
botoeira (casa de botão)	knoflíková dírka (ž)	[knofli:kova: di:rka]
soltar-se (vr)	utrhnout se	[utrhnout sɛ]

costurar (vi)	šít	[ʃi:t]
bordar (vt)	vyšívat	[vɪʃi:vat]
bordado (m)	výšivka (ž)	[vi:ʃɪfka]
agulha (f)	jehla (ž)	[jɛhla]
fio, linha (f)	nit (ž)	[nɪt]
costura (f)	šev (m)	[ʃɛf]

sujar-se (vr)	ušpinit se	[uʃpɪnɪt sɛ]
mancha (f)	skvrna (ž)	[skvrna]
amarrotar-se (vr)	pomačkat se	[pomatʃkat sɛ]
rasgar (vt)	roztrhat	[roztrhat]
traça (f)	mol (m)	[mol]

38. Cuidados pessoais. Cosméticos

pasta (f) de dente	zubní pasta (ž)	[zubni: pasta]
escova (f) de dente	kartáček (m) na zuby	[karta:tʃɛk na zubɪ]
escovar os dentes	čistit si zuby	[tʃɪstɪt sɪ zubɪ]

gilete (f)	holicí strojek (m)	[holɪtsi: strojɛk]
creme (m) de barbear	krém (m) na holení	[krɛ:m na holɛni:]
barbear-se (vr)	holit se	[holɪt sɛ]

sabonete (m)	mýdlo (s)	[mi:dlo]
xampu (m)	šampon (m)	[ʃampon]
tesoura (f)	nůžky (ž mn)	[nu:ʃkɪ]

lixa (f) de unhas	pilník (m) na nehty	[pɪlni:k na nɛxtɪ]
corta-unhas (m)	kleštičky (ž mn) na nehty	[klɛʃtɪtʃkɪ na nɛxtɪ]
pinça (f)	pinzeta (ž)	[pɪnzeta]

cosméticos (m pl)	kosmetika (ž)	[kosmɛtɪka]
máscara (f)	kosmetická maska (ž)	[kosmɛtɪtska: maska]
manicure (f)	manikúra (ž)	[manɪku:ra]
fazer as unhas	dělat manikúru	[delat manɪku:ru]
pedicure (f)	pedikúra (ž)	[pɛdɪku:ra]

bolsa (f) de maquiagem	kosmetická kabelka (ž)	[kosmɛtɪtska: kabɛlka]
pó (de arroz)	pudr (m)	[pudr]
pó (m) compacto	pudřenka (ž)	[pudrʒɛŋka]
blush (m)	červené líčidlo (s)	[tʃɛrvɛnɛ: li:tʃɪdlo]

perfume (m)	voňavka (ž)	[vonʲafka]
água-de-colônia (f)	toaletní voda (ž)	[toalɛtni: voda]
loção (f)	pleťová voda (ž)	[plɛtʲova: voda]
colônia (f)	kolínská voda (ž)	[koli:nska: voda]

sombra (f) de olhos	oční stíny (m mn)	[otʃni: sti:nɪ]
delineador (m)	tužka (ž) na oči	[tuʃka na otʃɪ]
máscara (f), rímel (m)	řasenka (ž)	[rʒasɛŋka]

batom (m)	rtěnka (ž)	[rteŋka]
esmalte (m)	lak (m) na nehty	[lak na nɛxtɪ]
laquê (m), spray fixador (m)	lak (m) na vlasy	[lak na vlasɪ]
desodorante (m)	deodorant (m)	[dɛodorant]

creme (m)	krém (m)	[krɛ:m]
creme (m) de rosto	pleťový krém (m)	[plɛtʲovi: krɛ:m]
creme (m) de mãos	krém (m) na ruce	[krɛ:m na rutsɛ]
creme (m) antirrugas	krém (m) proti vráskám	[krɛ:m protɪ vra:ska:m]
de dia	denní	[dɛnni:]
da noite	noční	[notʃni:]

absorvente (m) interno	tampón (m)	[tampo:n]
papel (m) higiênico	toaletní papír (m)	[toalɛtni: papi:r]
secador (m) de cabelo	fén (m)	[fɛ:n]

39. Joalheria

joias (f pl)	šperk (m)	[ʃpɛrk]
precioso (adj)	drahý	[drahi:]
marca (f) de contraste	punc (m)	[punts]

anel (m)	prsten (m)	[prstɛn]
aliança (f)	snubní prsten (m)	[snubni: prstɛn]
pulseira (f)	náramek (m)	[na:ramɛk]

brincos (m pl)	náušnice (ž mn)	[na:uʃnɪtsɛ]
colar (m)	náhrdelník (m)	[na:hrdɛlni:k]
coroa (f)	koruna (ž)	[koruna]
colar (m) de contas	korály (m mn)	[kora:lɪ]

diamante (m)	**diamant** (m)	[dɪamant]
esmeralda (f)	**smaragd** (m)	[smarakt]
rubi (m)	**rubín** (m)	[rubi:n]
safira (f)	**safír** (m)	[safi:r]
pérola (f)	**perly** (ž mn)	[pɛrlɪ]
âmbar (m)	**jantar** (m)	[jantar]

40. Relógios de pulso. Relógios

relógio (m) de pulso	**hodinky** (ž mn)	[hodɪŋkɪ]
mostrador (m)	**ciferník** (m)	[ʦɪfɛrni:k]
ponteiro (m)	**ručička** (ž)	[ruʧɪʧka]
bracelete (em aço)	**náramek** (m)	[na:ramɛk]
bracelete (em couro)	**pásek** (m)	[pa:sɛk]

pilha (f)	**baterka** (ž)	[batɛrka]
acabar (vi)	**vybít se**	[vɪbi:t sɛ]
trocar a pilha	**vyměnit baterku**	[vɪmnenɪt batɛrku]
estar adiantado	**jít napřed**	[ji:t naprʃɛt]
estar atrasado	**opožďovat se**	[opoʒdʲovat sɛ]

relógio (m) de parede	**nástěnné hodiny** (ž mn)	[na:stennɛ: hodɪnɪ]
ampulheta (f)	**přesýpací hodiny** (ž mn)	[prʃɛsi:paʦi: hodɪnɪ]
relógio (m) de sol	**sluneční hodiny** (ž mn)	[slunɛʧni: hodɪnɪ]
despertador (m)	**budík** (m)	[budi:k]
relojoeiro (m)	**hodinář** (m)	[hodɪna:rʃ]
reparar (vt)	**opravovat**	[opravovat]

Alimentação. Nutrição

41. Comida

carne (f)	maso (s)	[maso]
galinha (f)	slepice (ž)	[slɛpɪtsɛ]
frango (m)	kuře (s)	[kurʒɛ]
pato (m)	kachna (ž)	[kaxna]
ganso (m)	husa (ž)	[husa]
caça (f)	zvěřina (ž)	[zverʒɪna]
peru (m)	krůta (ž)	[kru:ta]
carne (f) de porco	vepřové (s)	[vɛprʃovɛ:]
carne (f) de vitela	telecí (s)	[tɛlɛtsi:]
carne (f) de carneiro	skopové (s)	[skopovɛ:]
carne (f) de vaca	hovězí (s)	[hovezi:]
carne (f) de coelho	králík (m)	[kra:li:k]
linguiça (f), salsichão (m)	salám (m)	[sala:m]
salsicha (f)	párek (m)	[pa:rɛk]
bacon (m)	slanina (ž)	[slanɪna]
presunto (m)	šunka (ž)	[ʃuŋka]
pernil (m) de porco	kýta (ž)	[ki:ta]
patê (m)	paštika (ž)	[paʃtɪka]
fígado (m)	játra (s mn)	[ja:tra]
guisado (m)	mleté maso (s)	[mlɛtɛ: maso]
língua (f)	jazyk (m)	[jazɪk]
ovo (m)	vejce (s)	[vɛjtsɛ]
ovos (m pl)	vejce (s mn)	[vɛjtsɛ]
clara (f) de ovo	bílek (m)	[bi:lɛk]
gema (f) de ovo	žloutek (m)	[ʒloutɛk]
peixe (m)	ryby (ž mn)	[rɪbɪ]
mariscos (m pl)	mořské plody (m mn)	[morʃskɛ: plodɪ]
caviar (m)	kaviár (m)	[kavɪa:r]
caranguejo (m)	krab (m)	[krap]
camarão (m)	kreveta (ž)	[krɛvɛta]
ostra (f)	ústřice (ž)	[u:strʃɪtsɛ]
lagosta (f)	langusta (ž)	[langusta]
polvo (m)	chobotnice (ž)	[xobotnɪtsɛ]
lula (f)	sépie (ž)	[sɛ:pɪe]
esturjão (m)	jeseter (m)	[jɛsɛtɛr]
salmão (m)	losos (m)	[losos]
halibute (m)	platýs (m)	[plati:s]
bacalhau (m)	treska (ž)	[trɛska]
cavala, sarda (f)	makrela (ž)	[makrɛla]

atum (m)	tuňák (m)	[tunʲaːk]
enguia (f)	úhoř (m)	[uːhorʃ]

truta (f)	pstruh (m)	[pstrux]
sardinha (f)	sardinka (ž)	[sardɪŋka]
lúcio (m)	štika (ž)	[ʃtɪka]
arenque (m)	sleď (ž)	[slɛtʲ]

pão (m)	chléb (m)	[xlɛːp]
queijo (m)	sýr (m)	[siːr]
açúcar (m)	cukr (m)	[tsukr]
sal (m)	sůl (ž)	[suːl]

arroz (m)	rýže (ž)	[riːʒe]
massas (f pl)	makaróny (m mn)	[makaroːnɪ]
talharim, miojo (m)	nudle (ž mn)	[nudlɛ]

manteiga (f)	máslo (s)	[maːslo]
óleo (m) vegetal	olej (m)	[olɛj]
óleo (m) de girassol	slunečnicový olej (m)	[slunɛtʃnɪtsoviː olɛj]
margarina (f)	margarín (m)	[margariːn]

azeitonas (f pl)	olivy (ž)	[olɪvɪ]
azeite (m)	olivový olej (m)	[olɪvoviː olɛj]

leite (m)	mléko (s)	[mlɛːko]
leite (m) condensado	kondenzované mléko (s)	[kondɛnzovanɛː mlɛːko]
iogurte (m)	jogurt (m)	[jogurt]
creme (m) azedo	kyselá smetana (ž)	[kɪsɛlaː smɛtana]
creme (m) de leite	sladká smetana (ž)	[slatkaː smɛtana]

maionese (f)	majonéza (ž)	[majonɛːza]
creme (m)	krém (m)	[krɛːm]

grãos (m pl) de cereais	kroupy (ž mn)	[kroupɪ]
farinha (f)	mouka (ž)	[mouka]
enlatados (m pl)	konzerva (ž)	[konzɛrva]

flocos (m pl) de milho	kukuřičné vločky (ž mn)	[kukurʒɪtʃnɛː vlotʃkɪ]
mel (m)	med (m)	[mɛt]
geleia (m)	džem (m)	[dʒem]
chiclete (m)	žvýkačka (ž)	[ʒviːkatʃka]

42. Bebidas

água (f)	voda (ž)	[voda]
água (f) potável	pitná voda (ž)	[pɪtna: voda]
água (f) mineral	minerální voda (ž)	[mɪnɛraːlni: voda]

sem gás (adj)	neperlivý	[nɛpɛrlɪvi:]
gaseificada (adj)	perlivý	[pɛrlɪvi:]
com gás	perlivý	[pɛrlɪvi:]
gelo (m)	led (m)	[lɛt]
com gelo	s ledem	[s lɛdɛm]

não alcoólico (adj)	nealkoholický	[nɛalkoholɪtski:]
refrigerante (m)	nealkoholický nápoj (m)	[nɛalkoholɪtski: na:poj]
refresco (m)	osvěžující nápoj (m)	[osveʒuji:tsi: na:poj]
limonada (f)	limonáda (ž)	[lɪmona:da]

bebidas (f pl) alcoólicas	alkoholické nápoje (m mn)	[alkoholɪtskɛ: na:pojɛ]
vinho (m)	víno (s)	[vi:no]
vinho (m) branco	bílé víno (s)	[bi:lɛ: vi:no]
vinho (m) tinto	červené víno (s)	[tʃɛrvɛnɛ: vi:no]

icor (m)	likér (m)	[lɪkɛ:r]
champanhe (m)	šampaňské (s)	[ʃampanʲskɛ:]
vermute (m)	vermut (m)	[vɛrmut]

uísque (m)	whisky (ž)	[vɪskɪ]
vodca (f)	vodka (ž)	[votka]
gim (m)	džin (m)	[dʒɪn]
conhaque (m)	koňak (m)	[konʲak]
rum (m)	rum (m)	[rum]

café (m)	káva (ž)	[ka:va]
café (m) preto	černá káva (ž)	[tʃɛrna: ka:va]
café (m) com leite	bílá káva (ž)	[bi:la: ka:va]
cappuccino (m)	kapučíno (s)	[kaputʃi:no]
café (m) solúvel	rozpustná káva (ž)	[rozpustna: ka:va]

leite (m)	mléko (s)	[mlɛ:ko]
coquetel (m)	koktail (m)	[koktajl]
batida (f), milkshake (m)	mléčný koktail (m)	[mlɛtʃni: koktajl]

suco (m)	šťáva (ž), džus (m)	[ʃtʲa:va], [dʒus]
suco (m) de tomate	rajčatová šťáva (ž)	[rajtʃatova: ʃtʲa:va]
suco (m) de laranja	pomerančový džus (m)	[pomerantʃovi: dʒus]
suco (m) fresco	vymačkaná šťáva (ž)	[vɪmatʃkana: ʃtʲa:va]

cerveja (f)	pivo (s)	[pɪvo]
cerveja (f) clara	světlé pivo (s)	[svetlɛ: pɪvo]
cerveja (f) preta	tmavé pivo (s)	[tmavɛ: pɪvo]

chá (m)	čaj (m)	[tʃaj]
chá (m) preto	černý čaj (m)	[tʃɛrni: tʃaj]
chá (m) verde	zelený čaj (m)	[zɛlɛni: tʃaj]

43. Vegetais

| vegetais (m pl) | zelenina (ž) | [zɛlɛnɪna] |
| verdura (f) | zelenina (ž) | [zɛlɛnɪna] |

tomate (m)	rajské jablíčko (s)	[rajskɛ: jabli:tʃko]
pepino (m)	okurka (ž)	[okurka]
cenoura (f)	mrkev (ž)	[mrkɛf]
batata (f)	brambory (ž mn)	[bramborɪ]
cebola (f)	cibule (ž)	[tsɪbulɛ]
alho (m)	česnek (m)	[tʃɛsnɛk]

couve (f)	zelí (s)	[zɛli:]
couve-flor (f)	květák (m)	[kveta:k]
couve-de-bruxelas (f)	růžičková kapusta (ž)	[ru:ʒɪtʃkova: kapusta]
brócolis (m pl)	brokolice (ž)	[brokolɪtsɛ]
beterraba (f)	červená řepa (ž)	[tʃɛrvena: rʒɛpa]
berinjela (f)	lilek (m)	[lɪlɛk]
abobrinha (f)	cukina, cuketa (ž)	[tsukɪna], [tsuketa]
abóbora (f)	tykev (ž)	[tɪkɛf]
nabo (m)	vodní řepa (ž)	[vodni: rʒɛpa]
salsa (f)	petržel (ž)	[pɛtrʒel]
endro, aneto (m)	kopr (m)	[kopr]
alface (f)	salát (m)	[sala:t]
aipo (m)	celer (m)	[tsɛlɛr]
aspargo (m)	chřest (m)	[xrʃɛst]
espinafre (m)	špenát (m)	[ʃpɛna:t]
ervilha (f)	hrách (m)	[hra:x]
feijão (~ soja, etc.)	boby (m mn)	[bobɪ]
milho (m)	kukuřice (ž)	[kukurʒɪtsɛ]
feijão (m) roxo	fazole (ž)	[fazolɛ]
pimentão (m)	pepř (m)	[pɛprʃ]
rabanete (m)	ředkvička (ž)	[rʒɛtkvɪtʃka]
alcachofra (f)	artyčok (m)	[artɪtʃok]

44. Frutos. Nozes

fruta (f)	ovoce (s)	[ovotsɛ]
maçã (f)	jablko (s)	[jablko]
pera (f)	hruška (ž)	[hruʃka]
limão (m)	citrón (m)	[tsɪtro:n]
laranja (f)	pomeranč (m)	[pomɛrantʃ]
morango (m)	zahradní jahody (ž mn)	[zahradni: jahodɪ]
tangerina (f)	mandarinka (ž)	[mandarɪŋka]
ameixa (f)	švestka (ž)	[ʃvɛstka]
pêssego (m)	broskev (ž)	[broskɛf]
damasco (m)	meruňka (ž)	[mɛrunʲka]
framboesa (f)	maliny (ž mn)	[malɪnɪ]
abacaxi (m)	ananas (m)	[ananas]
banana (f)	banán (m)	[bana:n]
melancia (f)	vodní meloun (m)	[vodni: mɛloun]
uva (f)	hroznové víno (s)	[hroznovɛ: vi:no]
ginja (f)	višně (ž)	[vɪʃne]
cereja (f)	třešně (ž)	[trʃɛʃne]
melão (m)	cukrový meloun (m)	[tsukrovi: mɛloun]
toranja (f)	grapefruit (m)	[grɛjpfru:t]
abacate (m)	avokádo (s)	[avoka:do]
mamão (m)	papája (ž)	[papa:ja]
manga (f)	mango (s)	[mango]

romã (f)	granátové jablko (s)	[grana:tovɛ: jablko]
groselha (f) vermelha	červený rybíz (m)	[tʃɛrvɛni: rɪbi:z]
groselha (f) negra	černý rybíz (m)	[tʃɛrni: rɪbi:z]
groselha (f) espinhosa	angrešt (m)	[angrɛʃt]
mirtilo (m)	borůvky (ž mn)	[boru:fkɪ]
amora (f) silvestre	ostružiny (ž mn)	[ostruʒɪnɪ]

passa (f)	hrozinky (ž mn)	[hrozɪŋkɪ]
figo (m)	fík (m)	[fi:k]
tâmara (f)	datle (ž)	[datlɛ]

amendoim (m)	burský oříšek (m)	[burski: orʒi:ʃɛk]
amêndoa (f)	mandle (ž)	[mandlɛ]
noz (f)	vlašský ořech (m)	[vlaʃski: orʒɛx]
avelã (f)	lískový ořech (m)	[li:skovi: orʒɛx]
coco (m)	kokos (m)	[kokos]
pistaches (m pl)	pistácie (ž)	[pɪsta:tsɪe]

45. Pão. Bolaria

pastelaria (f)	cukroví (s)	[tsukrovi:]
pão (m)	chléb (m)	[xlɛ:p]
biscoito (m), bolacha (f)	sušenky (ž mn)	[suʃɛŋkɪ]

chocolate (m)	čokoláda (ž)	[tʃokola:da]
de chocolate	čokoládový	[tʃokola:dovi:]
bala (f)	bonbón (m)	[bonbo:n]
doce (bolo pequeno)	zákusek (m)	[za:kusɛk]
bolo (m) de aniversário	dort (m)	[dort]

| torta (f) | koláč (m) | [kola:tʃ] |
| recheio (m) | nádivka (ž) | [na:dɪfka] |

geleia (m)	zavařenina (ž)	[zavarʒɛnɪna]
marmelada (f)	marmeláda (ž)	[marmɛla:da]
wafers (m pl)	oplatky (mn)	[oplatkɪ]
sorvete (m)	zmrzlina (ž)	[zmrzlɪna]

46. Pratos cozinhados

prato (m)	jídlo (s)	[ji:dlo]
cozinha (~ portuguesa)	kuchyně (ž)	[kuxɪne]
receita (f)	recept (m)	[rɛtsɛpt]
porção (f)	porce (ž)	[portsɛ]

| salada (f) | salát (m) | [sala:t] |
| sopa (f) | polévka (ž) | [polɛ:fka] |

caldo (m)	vývar (m)	[vi:var]
sanduíche (m)	obložený chlebíček (m)	[oblɔʒeni: xlɛbi:tʃɛk]
ovos (m pl) fritos	míchaná vejce (s mn)	[mi:xana: vɛjtsɛ]
hambúrguer (m)	hamburger (m)	[hamburgɛr]

bife (m)	biftek (m)	[bɪftɛk]
acompanhamento (m)	příloha (ž)	[prʃi:loha]
espaguete (m)	spagety (m mn)	[spagɛtɪ]
purê (m) de batata	bramborová kaše (ž)	[bramborova: kaʃɛ]
pizza (f)	pizza (ž)	[pɪtsa]
mingau (m)	kaše (ž)	[kaʃɛ]
omelete (f)	omeleta (ž)	[omɛlɛta]

fervido (adj)	vařený	[varʒɛni:]
defumado (adj)	uzený	[uzɛni:]
frito (adj)	smažený	[smaʒeni:]
seco (adj)	sušený	[suʃɛni:]
congelado (adj)	zmražený	[zmraʒeni:]
em conserva (adj)	marinovaný	[marɪnovani:]

doce (adj)	sladký	[slatki:]
salgado (adj)	slaný	[slani:]
frio (adj)	studený	[studɛni:]
quente (adj)	teplý	[tɛpli:]
amargo (adj)	hořký	[horʃki:]
gostoso (adj)	chutný	[xutni:]

cozinhar em água fervente	vařit	[varʒɪt]
preparar (vt)	vařit	[varʒɪt]
fritar (vt)	smažit	[smaʒɪt]
aquecer (vt)	ohřívat	[ohrʒi:vat]

salgar (vt)	solit	[solɪt]
apimentar (vt)	pepřit	[pɛprʃɪt]
ralar (vt)	strouhat	[strouhat]
casca (f)	slupka (ž)	[slupka]
descascar (vt)	loupat	[loupat]

47. Especiarias

sal (m)	sůl (ž)	[su:l]
salgado (adj)	slaný	[slani:]
salgar (vt)	solit	[solɪt]

pimenta-do-reino (f)	černý pepř (m)	[tʃɛrni: pɛprʃ]
pimenta (f) vermelha	červená paprika (ž)	[tʃɛrvɛna: paprɪka]
mostarda (f)	hořčice (ž)	[horʃtʃɪtsɛ]
raiz-forte (f)	křen (m)	[krʃɛn]

condimento (m)	ochucovadlo (s)	[oxutsovadlo]
especiaria (f)	koření (s)	[korʒɛni:]
molho (~ inglês)	omáčka (ž)	[oma:tʃka]
vinagre (m)	ocet (m)	[otsɛt]

anis estrelado (m)	anýz (m)	[ani:z]
manjericão (m)	bazalka (ž)	[bazalka]
cravo (m)	hřebíček (m)	[hrʒɛbi:tʃɛk]
gengibre (m)	zázvor (m)	[za:zvor]
coentro (m)	koriandr (m)	[korɪandr]

canela (f)	skořice (ž)	[skorʒɪtsɛ]
gergelim (m)	sezam (m)	[sɛzam]
folha (f) de louro	bobkový list (m)	[bopkovi: lɪst]
páprica (f)	paprika (ž)	[paprɪka]
cominho (m)	kmín (m)	[kmi:n]
açafrão (m)	šafrán (m)	[ʃafra:n]

48. Refeições

comida (f)	jídlo (s)	[ji:dlo]
comer (vt)	jíst	[ji:st]

café (m) da manhã	snídaně (ž)	[sni:dane]
tomar café da manhã	snídat	[sni:dat]
almoço (m)	oběd (m)	[obet]
almoçar (vi)	obědvat	[obedvat]
jantar (m)	večeře (ž)	[vɛtʃɛrʒɛ]
jantar (vi)	večeřet	[vɛtʃɛrʒɛt]

apetite (m)	chuť (ž) k jídlu	[xutʲ k ji:dlu]
Bom apetite!	Dobrou chuť!	[dobrou xutʲ]

abrir (~ uma lata, etc.)	otvírat	[otvi:rat]
derramar (~ líquido)	rozlít	[rozli:t]
derramar-se (vr)	rozlít se	[rozli:t sɛ]
ferver (vi)	vřít	[vrʒi:t]
ferver (vt)	vařit	[varʒɪt]
fervido (adj)	svařený	[svarʒɛni:]
esfriar (vt)	ochladit	[oxladɪt]
esfriar-se (vr)	ochlazovat se	[oxlazovat sɛ]

sabor, gosto (m)	chuť (ž)	[xutʲ]
fim (m) de boca	příchuť (ž)	[prʃi:xutʲ]

emagrecer (vi)	držet dietu	[drʒet dɪetu]
dieta (f)	dieta (ž)	[dɪeta]
vitamina (f)	vitamín (m)	[vɪtami:n]
caloria (f)	kalorie (ž)	[kalorɪe]
vegetariano (m)	vegetarián (m)	[vɛgɛtarɪa:n]
vegetariano (adj)	vegetariánský	[vɛgɛtarɪa:nski:]

gorduras (f pl)	tuky (m)	[tukɪ]
proteínas (f pl)	bílkoviny (ž)	[bi:lkovɪnɪ]
carboidratos (m pl)	karbohydráty (mn)	[karbohɪdrati:]
fatia (~ de limão, etc.)	plátek (m)	[pla:tɛk]
pedaço (~ de bolo)	kousek (m)	[kousɛk]
migalha (f), farelo (m)	drobek (m)	[drobɛk]

49. Por a mesa

colher (f)	lžíce (ž)	[lʒi:tsɛ]
faca (f)	nůž (m)	[nu:ʃ]

garfo (m)	vidlička (ž)	[vɪdlɪʧka]
xícara (f)	šálek (m)	[ʃaːlɛk]
prato (m)	talíř (m)	[taliːrʃ]
pires (m)	talířek (m)	[taliːrʒɛk]
guardanapo (m)	ubrousek (m)	[ubrousɛk]
palito (m)	párátko (s)	[paːraːtko]

50. Restaurante

restaurante (m)	restaurace (ž)	[rɛstauraʦɛ]
cafeteria (f)	kavárna (ž)	[kavaːrna]
bar (m), cervejaria (f)	bar (m)	[bar]
salão (m) de chá	čajovna (ž)	[ʧajovna]

garçom (m)	číšník (m)	[ʧiːʃniːk]
garçonete (f)	číšnice (ž)	[ʧiːʃnɪʦɛ]
barman (m)	barman (m)	[barman]

cardápio (m)	jídelní lístek (m)	[jiːdɛlniː liːstɛk]
lista (f) de vinhos	nápojový lístek (m)	[naːpojoviː liːstɛk]
reservar uma mesa	rezervovat stůl	[rɛzɛrvovat stuːl]

prato (m)	jídlo (s)	[jiːdlo]
pedir (vt)	objednat si	[objɛdnat sɪ]
fazer o pedido	objednat si	[objɛdnat sɪ]

aperitivo (m)	aperitiv (m)	[apɛrɪtɪf]
entrada (f)	předkrm (m)	[prʃɛtkrm]
sobremesa (f)	desert (m)	[dɛsɛrt]

conta (f)	účet (m)	[uːʧɛt]
pagar a conta	zaplatit účet	[zaplatɪt uːʧɛt]
dar o troco	dát nazpátek	[daːt naspaːtɛk]
gorjeta (f)	spropitné (s)	[spropɪtnɛː]

Família, parentes e amigos

51. Informação pessoal. Formulários

nome (m)	jméno (s)	[jmɛ:no]
sobrenome (m)	příjmení (s)	[prʃi:jmɛni:]
data (f) de nascimento	datum (s) narození	[datum narozɛni:]
local (m) de nascimento	místo (s) narození	[mi:sto narozɛni:]
nacionalidade (f)	národnost (ž)	[na:rodnost]
lugar (m) de residência	bydliště (s)	[bɪdlɪʃte]
país (m)	země (ž)	[zɛmnɛ]
profissão (f)	povolání (s)	[povola:ni:]
sexo (m)	pohlaví (s)	[pohlavi:]
estatura (f)	postava (ž)	[postava]
peso (m)	váha (ž)	[va:ha]

52. Membros da família. Parentes

mãe (f)	matka (ž)	[matka]
pai (m)	otec (m)	[otɛts]
filho (m)	syn (m)	[sɪn]
filha (f)	dcera (ž)	[dtsɛra]
caçula (f)	nejmladší dcera (ž)	[nɛjmladʃi: dtsɛra]
caçula (m)	nejmladší syn (m)	[nɛjmladʃi: sɪn]
filha (f) mais velha	nejstarší dcera (ž)	[nɛjstarʃi: dtsɛra]
filho (m) mais velho	nejstarší syn (m)	[nɛjstarʃi: sɪn]
irmão (m)	bratr (m)	[bratr]
irmã (f)	sestra (ž)	[sɛstra]
primo (m)	bratranec (m)	[bratranɛts]
prima (f)	sestřenice (ž)	[sɛstrʃɛnɪtsɛ]
mamãe (f)	maminka (ž)	[mamɪŋka]
papai (m)	táta (m)	[ta:ta]
pais (pl)	rodiče (m mn)	[rodɪtʃɛ]
criança (f)	dítě (s)	[di:te]
crianças (f pl)	děti (ž mn)	[detɪ]
avó (f)	babička (ž)	[babɪtʃka]
avô (m)	dědeček (m)	[dedɛtʃɛk]
neto (m)	vnuk (m)	[vnuk]
neta (f)	vnučka (ž)	[vnutʃka]
netos (pl)	vnuci (m mn)	[vnutsɪ]
tio (m)	strýc (m)	[stri:ts]
tia (f)	teta (ž)	[tɛta]

| sobrinho (m) | synovec (m) | [sɪnovɛts] |
| sobrinha (f) | neteř (ž) | [nɛtɛrʃ] |

sogra (f)	tchyně (ž)	[txɪne]
sogro (m)	tchán (m)	[txa:n]
genro (m)	zeť (m)	[zɛtʲ]
madrasta (f)	nevlastní matka (ž)	[nɛvlastni: matka]
padrasto (m)	nevlastní otec (m)	[nɛvlastni: otɛts]

criança (f) de colo	kojenec (m)	[kojɛnɛts]
bebê (m)	nemluvně (s)	[nɛmluvne]
menino (m)	děcko (s)	[detsko]

mulher (f)	žena (ž)	[ʒena]
marido (m)	muž (m)	[muʃ]
esposo (m)	manžel (m)	[manʒel]
esposa (f)	manželka (ž)	[manʒelka]

casado (adj)	ženatý	[ʒenati:]
casada (adj)	vdaná	[vdana:]
solteiro (adj)	svobodný	[svobodni:]
solteirão (m)	mládenec (m)	[mla:dɛnɛts]
divorciado (adj)	rozvedený	[rozvɛdɛni:]
viúva (f)	vdova (ž)	[vdova]
viúvo (m)	vdovec (m)	[vdovɛts]

parente (m)	příbuzný (m)	[prʃi:buzni:]
parente (m) próximo	blízký příbuzný (m)	[bli:ski: prʃi:buzni:]
parente (m) distante	vzdálený příbuzný (m)	[vzda:lɛni: prʃi:buzni:]
parentes (m pl)	příbuzenstvo (s)	[prʃi:buzɛnstvo]

órfão (m), órfã (f)	sirotek (m, ž)	[sɪrotɛk]
tutor (m)	poručník (m)	[porutʃni:k]
adotar (um filho)	adoptovat	[adoptovat]
adotar (uma filha)	adoptovat dívku	[adoptovat difku]

53. Amigos. Colegas de trabalho

amigo (m)	přítel (m)	[prʃi:tɛl]
amiga (f)	přítelkyně (ž)	[prʃi:tɛlkɪne]
amizade (f)	přátelství (s)	[prʃa:tɛlstvi:]
ser amigos	kamarádit	[kamara:dɪt]

amigo (m)	kamarád (m)	[kamara:t]
amiga (f)	kamarádka (ž)	[kamara:tka]
parceiro (m)	partner (m)	[partnɛr]

chefe (m)	šéf (m)	[ʃɛ:f]
superior (m)	vedoucí (m)	[vɛdoutsi:]
subordinado (m)	podřízený (m)	[podrʒi:zɛni:]
colega (m, f)	kolega (m)	[kolɛga]

| conhecido (m) | známý (m) | [zna:mi:] |
| companheiro (m) de viagem | spolucestující (m) | [spolutsɛstuji:tsi:] |

colega (m) de classe	spolužák (m)	[spoluʒa:k]
vizinho (m)	soused (m)	[sousɛt]
vizinha (f)	sousedka (ž)	[sousɛtka]
vizinhos (pl)	sousedé (m mn)	[sousɛdɛ:]

54. Homem. Mulher

mulher (f)	žena (ž)	[ʒena]
menina (f)	slečna (ž)	[slɛtʃna]
noiva (f)	nevěsta (ž)	[nɛvesta]

bonita, bela (adj)	pěkná	[pekna:]
alta (adj)	vysoká	[vɪsoka:]
esbelta (adj)	štíhlá	[ʃti:hla:]
baixa (adj)	menší	[mɛnʃi:]

| loira (f) | blondýna (ž) | [blondi:na] |
| morena (f) | bruneta (ž) | [brunɛta] |

de senhora	dámský	[da:mski:]
virgem (f)	panna (ž)	[panna]
grávida (adj)	těhotná	[tehotna:]

homem (m)	muž (m)	[muʃ]
loiro (m)	blondýn (m)	[blondi:n]
moreno (m)	brunet (m)	[brunɛt]
alto (adj)	vysoký	[vɪsoki:]
baixo (adj)	menší	[mɛnʃi:]

rude (adj)	hrubý	[hrubi:]
atarracado (adj)	zavalitý	[zavalɪti:]
robusto (adj)	statný, zdatný	[statni:], [zdatni:]
forte (adj)	silný	[sɪlni:]
força (f)	síla (ž)	[si:la]

gordo (adj)	tělnatý	[telnati:]
moreno (adj)	snědý	[snedi:]
esbelto (adj)	štíhlý	[ʃti:hli:]
elegante (adj)	elegantní	[ɛlɛgantni:]

55. Idade

idade (f)	věk (m)	[vek]
juventude (f)	mladost (ž)	[mladost]
jovem (adj)	mladý	[mladi:]

| mais novo (adj) | mladší | [mladʃi:] |
| mais velho (adj) | starší | [starʃi:] |

jovem (m)	jinoch (m)	[jɪnox]
adolescente (m)	výrostek (m)	[vi:rostɛk]
rapaz (m)	kluk (m)	[kluk]

| velho (m) | stařec (m) | [starʒɛʦ] |
| velha (f) | stařena (ž) | [starʒɛna] |

adulto	dospělý	[dospeli:]
de meia-idade	středního věku	[strʃɛdni:ho veku]
idoso, de idade (adj)	starší	[starʃi:]
velho (adj)	starý	[stari:]

aposentadoria (f)	důchod (m)	[du:xot]
aposentar-se (vr)	odejít do důchodu	[odɛji:t do du:xodu]
aposentado (m)	důchodce (m)	[du:xodʦɛ]

56. Crianças

criança (f)	dítě (s)	[di:te]
crianças (f pl)	děti (ž mn)	[detɪ]
gêmeos (m pl), gêmeas (f pl)	blíženci (m mn)	[bli:ʒɛnʦɪ]

berço (m)	kolébka (ž)	[kolɛ:pka]
chocalho (m)	chrastítko (s)	[xrasti:tko]
fralda (f)	plenka (ž)	[plɛŋka]

chupeta (f), bico (m)	dudlík (m)	[dudli:k]
carrinho (m) de bebê	kočárek (m)	[kotʃa:rɛk]
jardim (m) de infância	mateřská škola (ž)	[matɛrʃska: ʃkola]
babysitter, babá (f)	chůva (ž)	[xu:va]

infância (f)	dětství (s)	[detstvi:]
boneca (f)	panenka (ž)	[panɛŋka]
brinquedo (m)	hračka (ž)	[hratʃka]
jogo (m) de montar	dětská stavebnice (ž)	[dɛʦka: stavɛbnɪʦɛ]

bem-educado (adj)	vychovaný	[vɪxovani:]
malcriado (adj)	nevychovaný	[nɛvɪxovani:]
mimado (adj)	rozmazlený	[rozmazlɛni:]

ser travesso	dovádět	[dova:det]
travesso, traquinas (adj)	nezbedný	[nɛzbɛdni:]
travessura (f)	nezbednost (ž)	[nɛzbɛdnost]
criança (f) travessa	nezbedník (m)	[nɛzbɛdni:k]

| obediente (adj) | poslušný | [posluʃni:] |
| desobediente (adj) | neposlušný | [nɛposluʃni:] |

dócil (adj)	poslušný	[posluʃni:]
inteligente (adj)	rozumný	[rozumni:]
prodígio (m)	zázračné dítě (s)	[za:zratʃnɛ: di:te]

57. Casais. Vida de família

| beijar (vt) | líbat | [li:bat] |
| beijar-se (vr) | líbat se | [li:bat sɛ] |

família (f)	rodina (ž)	[rodɪna]
familiar (vida ~)	rodinný	[rodɪnni:]
casal (m)	pár (m)	[pa:r]
matrimônio (m)	manželství (s)	[manʒelstvi:]
lar (m)	rodinný krb (m)	[rodɪnni: krp]
dinastia (f)	dynastie (ž)	[dɪnastɪe]

| encontro (m) | rande (s) | [randɛ] |
| beijo (m) | pusa (ž) | [pusa] |

amor (m)	láska (ž)	[la:ska]
amar (pessoa)	milovat	[mɪlovat]
amado, querido (adj)	milovaný	[mɪlovani:]

ternura (f)	něžnost (ž)	[neʒnost]
afetuoso (adj)	něžný	[neʒni:]
fidelidade (f)	věrnost (ž)	[vernost]
fiel (adj)	věrný	[verni:]
cuidado (m)	péče (ž)	[pɛ:tʃɛ]
carinhoso (adj)	starostlivý	[starostlɪvi:]

recém-casados (pl)	novomanželé (m mn)	[novomanʒelɛ:]
lua (f) de mel	líbánky (ž mn)	[li:ba:ŋkɪ]
casar-se (com um homem)	vdát se	[vda:t sɛ]
casar-se (com uma mulher)	ženit se	[ʒenɪt sɛ]

casamento (m)	svatba (ž)	[svatba]
bodas (f pl) de ouro	zlatá svatba (ž)	[zlata: svatba]
aniversário (m)	výročí (s)	[vi:rotʃi:]

| amante (m) | milenec (m) | [mɪlɛnɛts] |
| amante (f) | milenka (ž) | [mɪlɛŋka] |

adultério (m), traição (f)	nevěra (ž)	[nɛvera]
cometer adultério	podvést	[podvɛ:st]
ciumento (adj)	žárlivý	[ʒa:rlɪvi:]
ser ciumento, -a	žárlit	[ʒa:rlɪt]
divórcio (m)	rozvod (m)	[rozvot]
divorciar-se (vr)	rozvést se	[rozvɛ:st sɛ]

brigar (discutir)	hádat se	[ha:dat sɛ]
fazer as pazes	smiřovat se	[smɪrʒovat sɛ]
juntos (ir ~)	spolu	[spolu]
sexo (m)	sex (m)	[sɛks]

felicidade (f)	štěstí (s)	[ʃtesti:]
feliz (adj)	šťastný	[ʃtʲastni:]
infelicidade (f)	neštěstí (s)	[nɛʃtesti:]
infeliz (adj)	nešťastný	[nɛʃtʲastni:]

Caráter. Sentimentos. Emoções

58. Sentimentos. Emoções

sentimento (m)	pocit (m)	[potsɪt]
sentimentos (m pl)	pocity (m mn)	[potsɪtɪ]
sentir (vt)	cítit	[tsi:tɪt]
fome (f)	hlad (m)	[hlat]
ter fome	mít hlad	[mi:t hlat]
sede (f)	žízeň (ž)	[ʒi:zɛnʲ]
ter sede	mít žízeň	[mi:t ʒi:zɛnʲ]
sonolência (f)	ospalost (ž)	[ospalost]
estar sonolento	chtít spát	[xti:t spa:t]
cansaço (m)	únava (ž)	[u:nava]
cansado (adj)	unavený	[unavɛni:]
ficar cansado	unavit se	[unavɪt sɛ]
humor (m)	nálada (ž)	[na:lada]
tédio (m)	nuda (ž)	[nuda]
entediar-se (vr)	nudit se	[nudɪt sɛ]
reclusão (isolamento)	samota (ž)	[samota]
isolar-se (vr)	odloučit se	[odloutʃɪt sɛ]
preocupar (vt)	znepokojovat	[znɛpokojovat]
estar preocupado	znepokojovat se	[znɛpokojovat sɛ]
preocupação (f)	úzkost (ž)	[u:skost]
ansiedade (f)	nepokoj (m)	[nɛpokoj]
preocupado (adj)	ustaraný	[ustarani:]
estar nervoso	být nervózní	[bi:t nɛrvo:zni:]
entrar em pânico	panikařit	[panɪkarʒɪt]
esperança (f)	naděje (ž)	[nadejɛ]
esperar (vt)	doufat	[doufat]
certeza (f)	jistota (ž)	[jɪstota]
certo, seguro de ...	jistý	[jɪsti:]
indecisão (f)	nejistota (ž)	[nɛjɪstota]
indeciso (adj)	nejistý	[nɛjɪsti:]
bêbado (adj)	opilý	[opɪli:]
sóbrio (adj)	střízlivý	[strʒi:zlɪvi:]
fraco (adj)	slabý	[slabi:]
feliz (adj)	šťastný	[ʃtʲastni:]
assustar (vt)	polekat	[polɛkat]
fúria (f)	zuřivost (ž)	[zurʒɪvost]
ira, raiva (f)	vztek (m)	[vstɛk]
depressão (f)	deprese (ž)	[dɛprɛsɛ]
desconforto (m)	neklid (m)	[nɛklɪt]

conforto (m)	klid (m)	[klɪt]
arrepender-se (vr)	litovat	[lɪtovat]
arrependimento (m)	lítost (ž)	[li:tost]
azar (m), má sorte (f)	smůla (ž)	[smu:la]
tristeza (f)	rozladění (s)	[rozladeni:]

vergonha (f)	stud (m)	[stut]
alegria (f)	radost (ž)	[radost]
entusiasmo (m)	nadšení (s)	[nadʃɛni:]
entusiasta (m)	nadšenec (m)	[nadʃɛnɛts]
mostrar entusiasmo	projevit nadšení	[projɛvɪt nadʃɛni:]

59. Caráter. Personalidade

caráter (m)	povaha (ž)	[povaha]
falha (f) de caráter	vada (ž)	[vada]
mente, razão (f)	rozum (m)	[rozum]

consciência (f)	svědomí (s)	[svedomi:]
hábito, costume (m)	zvyk (m)	[zvɪk]
habilidade (f)	schopnost (ž)	[sxopnost]
saber (~ nadar, etc.)	umět	[umnet]

paciente (adj)	trpělivý	[trpelɪvi:]
impaciente (adj)	opilý	[opɪli:]
curioso (adj)	zvědavý	[zvedavi:]
curiosidade (f)	zvědavost (ž)	[zvedavost]

modéstia (f)	skromnost (ž)	[skromnost]
modesto (adj)	skromný	[skromni:]
imodesto (adj)	neskromný	[nɛskromni:]

preguiça (f)	lenost (ž)	[lɛnost]
preguiçoso (adj)	líný	[li:ni:]
preguiçoso (m)	lenoch (m)	[lɛnox]

astúcia (f)	vychytralost (ž)	[vɪxɪtralost]
astuto (adj)	vychytralý	[vɪxɪtrali:]
desconfiança (f)	nedůvěra (ž)	[nɛdu:vera]
desconfiado (adj)	nedůvěřivý	[nɛdu:verʒɪvi:]

generosidade (f)	štědrost (ž)	[ʃtedrost]
generoso (adj)	štědrý	[ʃtedri:]
talentoso (adj)	nadaný	[nadani:]
talento (m)	nadání (s)	[nada:ni:]

corajoso (adj)	smělý	[smneli:]
coragem (f)	smělost (ž)	[smnelost]
honesto (adj)	poctivý	[potstɪvi:]
honestidade (f)	poctivost (ž)	[potstɪvost]

prudente, cuidadoso (adj)	opatrný	[opatrni:]
valoroso (adj)	odvážný	[odva:ʒni:]
sério (adj)	vážný	[va:ʒni:]

severo (adj)	přísný	[prʃi:sni:]
decidido (adj)	rozhodný	[rozhodni:]
indeciso (adj)	nerozhodný	[nɛrozhodni:]
tímido (adj)	nesmělý	[nɛsmneli:]
timidez (f)	nesmělost (ž)	[nɛsmnelost]

confiança (f)	důvěra (ž)	[du:vera]
confiar (vt)	věřit	[verʒɪt]
crédulo (adj)	důvěřivý	[du:verʒɪvi:]

sinceramente	upřímně	[uprʃi:mne]
sincero (adj)	upřímný	[uprʃi:mni:]
sinceridade (f)	upřímnost (ž)	[uprʃi:mnost]
aberto (adj)	otevřený	[otɛvrʒɛni:]

calmo (adj)	tichý	[tɪxi:]
franco (adj)	upřímný	[uprʃi:mni:]
ingênuo (adj)	naivní	[naɪvni:]
distraído (adj)	roztržitý	[roztrʒɪti:]
engraçado (adj)	směšný	[smneʃni:]

ganância (f)	lakomost (ž)	[lakomost]
ganancioso (adj)	lakomý	[lakomi:]
avarento, sovina (adj)	skoupý	[skoupi:]
mal (adj)	zlý	[zli:]
teimoso (adj)	tvrdohlavý	[tvrdohlavi:]
desagradável (adj)	nepříjemný	[nɛprʃi:jɛmni:]

egoísta (m)	sobec (m)	[sobɛts]
egoísta (adj)	sobecký	[sobɛtski:]
covarde (m)	zbabělec (m)	[zbabelɛts]
covarde (adj)	bázlivý	[ba:zlɪvi:]

60. O sono. Sonhos

dormir (vi)	spát	[spa:t]
sono (m)	spaní (s)	[spani:]
sonho (m)	sen (m)	[sɛn]
sonhar (ver sonhos)	snít	[sni:t]
sonolento (adj)	ospalý	[ospali:]

cama (f)	lůžko (s)	[lu:ʃko]
colchão (m)	matrace (ž)	[matratsɛ]
cobertor (m)	deka (ž)	[dɛka]
travesseiro (m)	polštář (m)	[polʃta:rʃ]
lençol (m)	prostěradlo (s)	[prosteradlo]

insônia (f)	nespavost (ž)	[nɛspavost]
sem sono (adj)	bezesný	[bɛzɛsni:]
sonífero (m)	prášek (m) pro spaní	[pra:ʃɛk pro spani:]
tomar um sonífero	vzít prášek pro spaní	[vzi:t pra:ʃɛk pro spani:]

| estar sonolento | chtít spát | [xti:t spa:t] |
| bocejar (vi) | zívnout | [zi:vnout] |

ir para a cama	jít spát	[ji:t spa:t]
fazer a cama	stlát postel	[stla:t postɛl]
adormecer (vi)	usnout	[usnout]

pesadelo (m)	noční můra (ž)	[notʃni: mu:ra]
ronco (m)	chrápání (s)	[xra:pa:ni:]
roncar (vi)	chrápat	[xra:pat]

despertador (m)	budík (m)	[budi:k]
acordar, despertar (vt)	vzbudit	[vzbudɪt]
acordar (vi)	probouzet se	[probouzɛt sɛ]
levantar-se (vr)	vstávat	[vsta:vat]
lavar-se (vr)	umýt se	[umi:t sɛ]

61. Humor. Riso. Alegria

humor (m)	humor (m)	[humor]
senso (m) de humor	smysl (m)	[smɪsl]
divertir-se (vr)	bavit se	[bavɪt sɛ]
alegre (adj)	veselý	[vɛsɛli:]
diversão (f)	zábava (ž)	[za:bava]

sorriso (m)	úsměv (m)	[u:smnef]
sorrir (vi)	usmívat se	[usmi:vat sɛ]
começar a rir	zasmát se	[zasma:t sɛ]
rir (vi)	smát se	[sma:t sɛ]
riso (m)	smích (m)	[smi:x]

anedota (f)	anekdota (ž)	[anɛgdota]
engraçado (adj)	směšný	[smneʃni:]
ridículo, cômico (adj)	směšný	[smneʃni:]

brincar (vi)	žertovat	[ʒertovat]
piada (f)	žert (m)	[ʒert]
alegria (f)	radost (ž)	[radost]
regozijar-se (vr)	radovat se	[radovat sɛ]
alegre (adj)	radostný	[radostni:]

62. Discussão, conversação. Parte 1

comunicação (f)	styk (m)	[stɪk]
comunicar-se (vr)	komunikovat	[komunɪkovat]

conversa (f)	rozhovor (m)	[rozhovor]
diálogo (m)	dialog (m)	[dɪalok]
discussão (f)	diskuse (ž)	[dɪskusɛ]
debate (m)	debata (ž)	[dɛbata]
debater (vt)	diskutovat	[dɪskutovat]

interlocutor (m)	účastník (m) rozhovoru	[u:tʃastni:k rozhovoru]
tema (m)	téma (s)	[tɛ:ma]
ponto (m) de vista	stanovisko (s)	[stanovɪsko]

opinião (f)	názor (m)	[na:zor]
discurso (m)	projev (m)	[projɛf]
discussão (f)	diskuse (ž)	[dɪskusɛ]
discutir (vt)	projednávat	[projɛdna:vat]
conversa (f)	beseda (ž)	[bɛsɛda]
conversar (vi)	besedovat	[bɛsɛdovat]
reunião (f)	setkání (s)	[sɛtka:ni:]
encontrar-se (vr)	utkávat se	[utka:vat sɛ]
provérbio (m)	přísloví (s)	[prʃi:slovi:]
ditado, provérbio (m)	pořekadlo (s)	[porʒɛkadlo]
adivinha (f)	hádanka (ž)	[ha:daŋka]
dizer uma adivinha	dávat hádat	[da:vat ha:dat]
senha (f)	heslo (s)	[hɛslo]
segredo (m)	tajemství (s)	[tajɛmstvi:]
juramento (m)	přísaha (ž)	[prʃi:saha]
jurar (vi)	přísahat	[prʃi:sahat]
promessa (f)	slib (m)	[slɪp]
prometer (vt)	slibovat	[slɪbovat]
conselho (m)	rada (ž)	[rada]
aconselhar (vt)	radit	[radɪt]
escutar (~ os conselhos)	poslouchat	[poslouxat]
novidade, notícia (f)	novina (ž)	[novɪna]
sensação (f)	senzace (ž)	[sɛnzatsɛ]
informação (f)	údaje (m mn)	[u:dajɛ]
conclusão (f)	závěr (m)	[za:ver]
voz (f)	hlas (m)	[hlas]
elogio (m)	lichotka (ž)	[lɪxotka]
amável, querido (adj)	laskavý	[laskavi:]
palavra (f)	slovo (s)	[slovo]
frase (f)	věta (ž)	[veta]
resposta (f)	odpověď (ž)	[otpovetʲ]
verdade (f)	pravda (ž)	[pravda]
mentira (f)	lež (ž)	[lɛʃ]
pensamento (m)	myšlenka (ž)	[mɪʃlɛŋka]
ideia (f)	idea (ž)	[ɪdɛa]
fantasia (f)	fantazie (ž)	[fantazɪe]

63. Discussão, conversação. Parte 2

estimado, respeitado (adj)	vážený	[va:ʒeni:]
respeitar (vt)	vážit si	[va:ʒɪt sɪ]
respeito (m)	respekt (m)	[rɛspɛkt]
Estimado ..., Caro ...	vážený	[va:ʒeni:]
apresentar (alguém a alguém)	seznámit	[sɛzna:mɪt]
intenção (f)	úmysl (m)	[u:mɪsl]

tencionar (~ fazer algo)	mít v úmyslu	[mi:t v u:mɪslu]
desejo (de boa sorte)	přání (s)	[prʃa:ni:]
desejar (ex. ~ boa sorte)	popřát	[poprʃa:t]

surpresa (f)	překvapení (s)	[prʃɛkvapɛnɪ]
surpreender (vt)	udivovat	[udɪvovat]
surpreender-se (vr)	divit se	[dɪvɪt sɛ]

dar (vt)	dát	[da:t]
pegar (tomar)	vzít	[vzi:t]
devolver (vt)	vrátit	[vra:tɪt]
retornar (vt)	odevzdat	[odɛvzdat]

desculpar-se (vr)	omlouvat se	[omlouvat sɛ]
desculpa (f)	omluva (ž)	[omluva]
perdoar (vt)	odpouštět	[otpouʃtet]

falar (vi)	mluvit	[mluvɪt]
escutar (vt)	poslouchat	[poslouxat]
ouvir até o fim	vyslechnout	[vɪslɛxnout]
entender (compreender)	pochopit	[poxopɪt]

mostrar (vt)	ukázat	[uka:zat]
olhar para ...	dívat se	[di:vat sɛ]
chamar (alguém para ...)	zavolat	[zavolat]

perturbar (vt)	rušit	[ruʃɪt]
entregar (~ em mãos)	předat	[prʃɛdat]

pedido (m)	prosba (ž)	[prozba]
pedir (ex. ~ ajuda)	prosit	[prosɪt]
exigência (f)	požadavek (m)	[poʒadavɛk]
exigir (vt)	žádat	[ʒa:dat]

insultar (chamar nomes)	škádlit	[ʃka:dlɪt]
zombar (vt)	vysmívat se	[vɪsmi:vat sɛ]
zombaria (f)	výsměch (m)	[vi:smnex]
alcunha (f), apelido (m)	přezdívka (ž)	[prʃɛzdi:fka]

insinuação (f)	narážka (ž)	[nara:ʃka]
insinuar (vt)	narážet	[nara:ʒet]
querer dizer	mínit	[mi:nɪt]

descrição (f)	popis (m)	[popɪs]
descrever (vt)	popsat	[popsat]
elogio (m)	pochvala (ž)	[poxvala]
elogiar (vt)	pochválit	[poxva:lɪt]

desapontamento (m)	zklamání (s)	[sklama:ni:]
desapontar (vt)	zklamat	[sklamat]
desapontar-se (vr)	zklamat se	[sklamat sɛ]

suposição (f)	předpoklad (m)	[prʃɛtpoklat]
supor (vt)	předpokládat	[prʃɛtpokla:dat]
advertência (f)	varování (s)	[varova:ni:]
advertir (vt)	varovat	[varovat]

64. Discussão, conversação. Parte 3

convencer (vt)	přemluvit	[prʃɛmluvɪt]
acalmar (vt)	uklidňovat	[uklɪdnʲovat]
silêncio (o ~ é de ouro)	mlčení (s)	[mlʧɛni:]
ficar em silêncio	mlčet	[mlʧɛt]
sussurrar (vt)	šeptnout	[ʃɛptnout]
sussurro (m)	šepot (m)	[ʃɛpot]
francamente	otevřeně	[otɛvrʒɛne]
na minha opinião ...	podle mého názoru ...	[podlɛ mɛ:ho na:zoru]
detalhe (~ da história)	podrobnost (ž)	[podrobnost]
detalhado (adj)	podrobný	[podrobni:]
detalhadamente	podrobně	[podrobne]
dica (f)	nápověda (ž)	[na:poveda]
dar uma dica	napovídat	[napovi:dat]
olhar (m)	pohled (m)	[pohlɛt]
dar uma olhada	pohlédnout	[pohlɛ:dnout]
fixo (olhada ~a)	ustrnulý	[ustrnuli:]
piscar (vi)	mrkat	[mrkat]
piscar (vt)	mrknout	[mrknout]
acenar com a cabeça	kývnout	[ki:vnout]
suspiro (m)	vzdech (m)	[vzdɛx]
suspirar (vi)	vzdechnout	[vzdɛxnout]
estremecer (vi)	zachvívat se	[zaxvi:vat sɛ]
gesto (m)	gesto (s)	[gɛsto]
tocar (com as mãos)	dotknout se	[dotknout sɛ]
agarrar (~ pelo braço)	chytat	[xɪtat]
bater de leve	plácat	[pla:ʦat]
Cuidado!	Pozor!	[pozor]
Sério?	Opravdu?	[opravdu]
Tem certeza?	Jsi si tím jist?	[jsɪ sɪ ti:m jɪst]
Boa sorte!	Hodně zdaru!	[hodne zdaru]
Entendi!	Jasně!	[jasne]
Que pena!	Škoda!	[ʃkoda]

65. Acordo. Recusa

consentimento (~ mútuo)	souhlas (m)	[souhlas]
consentir (vi)	souhlasit	[souhlasɪt]
aprovação (f)	schválení (s)	[sxva:lɛni:]
aprovar (vt)	schválit	[sxva:lɪt]
recusa (f)	odmítnutí (s)	[odmi:tnuti:]
negar-se a ...	odmítat	[odmi:tat]
Ótimo!	Výborně!	[vi:borne]
Tudo bem!	Dobře!	[dobrʒɛ]

Está bem! De acordo!	Platí!	[plati:]
proibido (adj)	zakázaný	[zaka:zani:]
é proibido	nesmí se	[nɛsmi: sɛ]
é impossível	není možno	[nɛni: moʒno]
incorreto (adj)	nesprávný	[nɛspra:vni:]

rejeitar (~ um pedido)	zamítnout	[zami:tnout]
apoiar (vt)	podpořit	[potporʒɪt]
aceitar (desculpas, etc.)	akceptovat	[aktsɛptovat]

confirmar (vt)	potvrdit	[potvrdɪt]
confirmação (f)	potvrzení (s)	[potvrzɛni:]
permissão (f)	povolení (s)	[povolɛni:]
permitir (vt)	dovolit	[dovolɪt]
decisão (f)	rozhodnutí (s)	[rozhodnuti:]
não dizer nada	nepromluvit	[nɛpromluvɪt]

condição (com uma ~)	podmínka (ž)	[podmi:ŋka]
pretexto (m)	výmluva (ž)	[vi:mluva]
elogio (m)	pochvala (ž)	[poxvala]
elogiar (vt)	chválit	[xva:lɪt]

66. Sucesso. Boa sorte. Insucesso

êxito, sucesso (m)	úspěch (m)	[u:spex]
com êxito	úspěšně	[u:speʃne]
bem sucedido (adj)	úspěšný	[u:spɛʃni:]

sorte (fortuna)	zdar (m)	[zdar]
Boa sorte!	Hodně zdaru!	[hodne zdaru]
de sorte	zdařilý	[zdarʒɪli:]
sortudo, felizardo (adj)	mít štěstí	[mi:t ʃtɛsti:]
fracasso (m)	nezdar (m)	[nɛzdar]
pouca sorte (f)	neštěstí (s)	[nɛʃtesti:]
azar (m), má sorte (f)	smůla (ž)	[smu:la]
mal sucedido (adj)	nepodařený	[nɛpodarʒɛni:]
catástrofe (f)	katastrofa (ž)	[katastrofa]

orgulho (m)	hrdost (ž)	[hrdost]
orgulhoso (adj)	hrdý	[hrdi:]
estar orgulhoso, -a	být hrdý	[bi:t hrdi:]
vencedor (m)	vítěz (m)	[vi:tez]
vencer (vi, vt)	zvítězit	[zvi:tezɪt]
perder (vt)	prohrát	[prohra:t]
tentativa (f)	pokus (m)	[pokus]
tentar (vt)	pokoušet se	[pokouʃɛt sɛ]
chance (m)	šance (ž)	[ʃantsɛ]

67. Conflitos. Emoções negativas

grito (m)	křik (m)	[krʃɪk]
gritar (vi)	křičet	[krʃɪtʃɛt]

começar a gritar	zakřičet	[zakrʃɪtʃɛt]
discussão (f)	hádka (ž)	[haːtka]
brigar (discutir)	hádat se	[haːdat sɛ]
escândalo (m)	skandál (m)	[skandaːl]
criar escândalo	dělat skandál	[delat skandaːl]
conflito (m)	konflikt (m)	[konflɪkt]
mal-entendido (m)	nedorozumění (s)	[nɛdorozumneni:]
insulto (m)	urážka (ž)	[uraːʃka]
insultar (vt)	urážet	[uraːʒet]
insultado (adj)	uražený	[uraʒeni:]
ofensa (f)	urážka (ž)	[uraːʃka]
ofender (vt)	urazit	[urazɪt]
ofender-se (vr)	urazit se	[urazɪt sɛ]
indignação (f)	rozhořčení (s)	[rozhorʃtʃɛni:]
indignar-se (vr)	rozhořčovat se	[rozhorʃtʃovat sɛ]
queixa (f)	stížnost (ž)	[stiːʒnost]
queixar-se (vr)	stěžovat si	[steʒovat sɪ]
desculpa (f)	omluva (ž)	[omluva]
desculpar-se (vr)	omlouvat se	[omlouvat sɛ]
pedir perdão	prosit o prominutí	[prosɪt o promɪnuti:]
crítica (f)	kritika (ž)	[krɪtɪka]
criticar (vt)	kritizovat	[krɪtɪzovat]
acusação (f)	obvinění (s)	[obvɪneni:]
acusar (vt)	obviňovat	[obvɪnʲovat]
vingança (f)	pomsta (ž)	[pomsta]
vingar (vt)	mstít se	[msti:t sɛ]
vingar-se de	odplatit	[otplatɪt]
desprezo (m)	opovržení (s)	[opovrʒeni:]
desprezar (vt)	pohrdat	[pohrdat]
ódio (m)	nenávist (ž)	[nɛnaːvɪst]
odiar (vt)	nenávidět	[nɛnaːvɪdet]
nervoso (adj)	nervózní	[nɛrvoːzni:]
estar nervoso	být nervózní	[bi:t nɛrvoːzni:]
zangado (adj)	rozčilený	[roztʃɪleni:]
zangar (vt)	rozčilit	[roztʃɪlɪt]
humilhação (f)	ponížení (s)	[poni:ʒeni:]
humilhar (vt)	ponižovat	[ponɪʒovat]
humilhar-se (vr)	ponižovat se	[ponɪʒovat sɛ]
choque (m)	šok (m)	[ʃok]
chocar (vt)	šokovat	[ʃokovat]
aborrecimento (m)	nepříjemnost (ž)	[nɛprʃi:jɛmnost]
desagradável (adj)	nepříjemný	[nɛprʃi:jɛmni:]
medo (m)	strach (m)	[strax]
terrível (tempestade, etc.)	strašný	[straʃni:]
assustador (ex. história ~a)	strašný	[straʃni:]

horror (m)	hrůza (ž)	[hru:za]
horrível (crime, etc.)	hrůzyplný	[hru:zıplni:]
chorar (vi)	plakat	[plakat]
começar a chorar	zaplakat	[zaplakat]
lágrima (f)	slza (ž)	[slza]
falta (f)	provinění (s)	[provıneni:]
culpa (f)	vina (ž)	[vına]
desonra (f)	hanba (ž)	[hanba]
protesto (m)	protest (m)	[protɛst]
estresse (m)	stres (m)	[strɛs]
perturbar (vt)	rušit	[ruʃıt]
zangar-se com ...	zlobit se	[zlobıt sɛ]
zangado (irritado)	naštvaný	[naʃtvani:]
terminar (vt)	přerušovat	[prʃɛruʃovat]
praguejar	hádat se	[ha:dat sɛ]
assustar-se	lekat se	[lɛkat sɛ]
golpear (vt)	udeřit	[udɛrʒıt]
brigar (na rua, etc.)	prát se	[pra:t sɛ]
resolver (o conflito)	urovnat	[urovnat]
descontente (adj)	nespokojený	[nɛspokojɛni:]
furioso (adj)	vzteklý	[vstɛkli:]
Não está bem!	To není dobře!	[to nɛni: dobrʒɛ]
É ruim!	To je špatné!	[to jɛ ʃpatnɛ:]

Medicina

68. Doenças

doença (f)	nemoc (ž)	[nɛmoʦ]
estar doente	být nemocný	[bi:t nɛmoʦni:]
saúde (f)	zdraví (s)	[zdravi:]
nariz (m) escorrendo	rýma (ž)	[ri:ma]
amigdalite (f)	angína (ž)	[angi:na]
resfriado (m)	nachlazení (s)	[naxlazɛni:]
ficar resfriado	nachladit se	[naxladɪt sɛ]
bronquite (f)	bronchitida (ž)	[bronxɪti:da]
pneumonia (f)	zápal (m) plic	[za:pal plɪʦ]
gripe (f)	chřipka (ž)	[xrʃɪpka]
míope (adj)	krátkozraký	[kra:tkozraki:]
presbita (adj)	dalekozraký	[dalɛkozraki:]
estrabismo (m)	šilhavost (ž)	[ʃɪlhavost]
estrábico, vesgo (adj)	šilhavý	[ʃɪlhavi:]
catarata (f)	šedý zákal (m)	[ʃɛdi: za:kal]
glaucoma (m)	zelený zákal (m)	[zɛlɛni: za:kal]
AVC (m), apoplexia (f)	mozková mrtvice (ž)	[moskova: mrtvɪʦɛ]
ataque (m) cardíaco	infarkt (m)	[ɪnfarkt]
enfarte (m) do miocárdio	infarkt (m) myokardu	[ɪnfarkt mɪokardu]
paralisia (f)	obrna (ž)	[obrna]
paralisar (vt)	paralyzovat	[paralɪzovat]
alergia (f)	alergie (ž)	[alɛrgɪe]
asma (f)	astma (s)	[astma]
diabetes (f)	cukrovka (ž)	[ʦukrofka]
dor (f) de dente	bolení (s) zubů	[bolɛni: zubu:]
cárie (f)	zubní kaz (m)	[zubni: kaz]
diarreia (f)	průjem (m)	[pru:jɛm]
prisão (f) de ventre	zácpa (ž)	[za:ʦpa]
desarranjo (m) intestinal	žaludeční potíže (ž mn)	[ʒaludɛʧni: poti:ʒe]
intoxicação (f) alimentar	otrava (ž)	[otrava]
intoxicar-se	otrávit se	[otra:vɪt sɛ]
artrite (f)	artritida (ž)	[artrɪtɪda]
raquitismo (m)	rachitida (ž)	[raxɪtɪda]
reumatismo (m)	revmatismus (m)	[rɛvmatɪzmus]
arteriosclerose (f)	ateroskleróza (ž)	[atɛrosklɛro:za]
gastrite (f)	gastritida (ž)	[gastrɪtɪda]
apendicite (f)	apendicitida (ž)	[apɛndɪʦɪtɪda]

| colecistite (f) | zánět (m) žlučníku | [za:net ʒlutʃni:ku] |
| úlcera (f) | vřed (m) | [vrʒɛt] |

sarampo (m)	spalničky (ž mn)	[spalnɪtʃki:]
rubéola (f)	zarděnky (ž mn)	[zardeŋkɪ]
icterícia (f)	žloutenka (ž)	[ʒloutɛŋka]
hepatite (f)	hepatitida (ž)	[hɛpatɪtɪda]

esquizofrenia (f)	schizofrenie (ž)	[sxɪzofrɛnɪe]
raiva (f)	vzteklina (ž)	[vstɛklɪna]
neurose (f)	neuróza (ž)	[nɛuro:za]
contusão (f) cerebral	otřes (m) mozku	[otrʃɛs mosku]

câncer (m)	rakovina (ž)	[rakovɪna]
esclerose (f)	skleróza (ž)	[sklɛro:za]
esclerose (f) múltipla	roztroušená skleróza (ž)	[roztrouʃɛna: sklɛro:za]

alcoolismo (m)	alkoholismus (m)	[alkoholɪzmus]
alcoólico (m)	alkoholik (m)	[alkoholɪk]
sífilis (f)	syfilida (ž)	[sɪfɪlɪda]
AIDS (f)	AIDS (m)	[ajts]

tumor (m)	nádor (m)	[na:dor]
maligno (adj)	zhoubný	[zhoubni:]
benigno (adj)	nezhoubný	[nɛzhoubni:]

febre (f)	zimnice (ž)	[zɪmnɪtsɛ]
malária (f)	malárie (ž)	[mala:rɪe]
gangrena (f)	gangréna (ž)	[gangrɛ:na]
enjoo (m)	mořská nemoc (ž)	[morʃska: nɛmots]
epilepsia (f)	padoucnice (ž)	[padoutsnɪtsɛ]

epidemia (f)	epidemie (ž)	[ɛpɪdɛmɪe]
tifo (m)	tyf (m)	[tɪf]
tuberculose (f)	tuberkulóza (ž)	[tubɛrkulo:za]
cólera (f)	cholera (ž)	[xolɛra]
peste (f) bubônica	mor (m)	[mor]

69. Sintomas. Tratamentos. Parte 1

sintoma (m)	příznak (m)	[prʃi:znak]
temperatura (f)	teplota (ž)	[tɛplota]
febre (f)	vysoká teplota (ž)	[vɪsoka: tɛplota]
pulso (m)	tep (m)	[tɛp]

vertigem (f)	závrať (ž)	[za:vratʲ]
quente (testa, etc.)	horký	[horki:]
calafrio (m)	mrazení (s)	[mrazɛni:]
pálido (adj)	bledý	[blɛdi:]

tosse (f)	kašel (m)	[kaʃɛl]
tossir (vi)	kašlat	[kaʃlat]
espirrar (vi)	kýchat	[ki:xat]
desmaio (m)	mdloby (ž mn)	[mdlobɪ]

67

desmaiar (vi)	upadnout do mdlob	[upadnout do mdlop]
mancha (f) preta	modřina (ž)	[modrʒɪna]
galo (m)	boule (ž)	[boulɛ]
machucar-se (vr)	uhodit se	[uhodɪt sɛ]
contusão (f)	pohmožděnina (ž)	[pohmoʒdenɪna]
machucar-se (vr)	uhodit se	[uhodɪt sɛ]
mancar (vi)	kulhat	[kulhat]
deslocamento (f)	vykloubení (s)	[vɪkloubɛni:]
deslocar (vt)	vykloubit	[vɪkloubɪt]
fratura (f)	zlomenina (ž)	[zlomɛnɪna]
fraturar (vt)	dostat zlomeninu	[dostat zlomɛnɪnu]
corte (m)	říznutí (s)	[rʒi:znuti:]
cortar-se (vr)	říznout se	[rʒi:znout sɛ]
hemorragia (f)	krvácení (s)	[krva:tsɛni:]
queimadura (f)	popálenina (ž)	[popa:lɛnɪna]
queimar-se (vr)	spálit se	[spa:lɪt sɛ]
picar (vt)	píchnout	[pi:xnout]
picar-se (vr)	píchnout se	[pi:xnout sɛ]
lesionar (vt)	pohmoždit	[pohmoʒdɪt]
lesão (m)	pohmoždění (s)	[pohmoʒdeni:]
ferida (f), ferimento (m)	rána (ž)	[ra:na]
trauma (m)	úraz (m)	[u:raz]
delirar (vi)	blouznit	[blouznɪt]
gaguejar (vi)	zajíkat se	[zaji:kat sɛ]
insolação (f)	úpal (m)	[u:pal]

70. Sintomas. Tratamentos. Parte 2

dor (f)	bolest (ž)	[bolɛst]
farpa (no dedo, etc.)	tříska (ž)	[trʃi:ska]
suor (m)	pot (m)	[pot]
suar (vi)	potit se	[potɪt sɛ]
vômito (m)	zvracení (s)	[zvratsɛni:]
convulsões (f pl)	křeče (ž mn)	[krʃɛtʃɛ]
grávida (adj)	těhotná	[tehotna:]
nascer (vi)	narodit se	[narodɪt sɛ]
parto (m)	porod (m)	[porot]
dar à luz	rodit	[rodɪt]
aborto (m)	umělý potrat (m)	[umneli: potrat]
respiração (f)	dýchání (s)	[di:xa:ni:]
inspiração (f)	vdech (m)	[vdɛx]
expiração (f)	výdech (m)	[vi:dɛx]
expirar (vi)	vydechnout	[vɪdɛxnout]
inspirar (vi)	nadechnout se	[nadɛxnout sɛ]
inválido (m)	invalida (m)	[ɪnvalɪda]
aleijado (m)	mrzák (m)	[mrza:k]

drogado (m)	narkoman (m)	[narkoman]
surdo (adj)	hluchý	[hluxi:]
mudo (adj)	němý	[nemi:]

louco, insano (adj)	šílený	[ʃi:lɛni:]
louco (m)	šílenec (m)	[ʃi:lɛnɛts]
louca (f)	šílenec (ž)	[ʃi:lɛnɛts]
ficar louco	zešílet	[zɛʃi:lɛt]

gene (m)	gen (m)	[gɛn]
imunidade (f)	imunita (ž)	[ɪmunɪta]
hereditário (adj)	dědičný	[dedɪtʃni:]
congênito (adj)	vrozený	[vrozɛni:]

vírus (m)	virus (m)	[vɪrus]
micróbio (m)	mikrob (m)	[mɪkrop]
bactéria (f)	baktérie (ž)	[baktɛ:rɪe]
infecção (f)	infekce (ž)	[ɪnfɛktsɛ]

71. Sintomas. Tratamentos. Parte 3

hospital (m)	nemocnice (ž)	[nɛmotsnɪtsɛ]
paciente (m)	pacient (m)	[patsɪent]

diagnóstico (m)	diagnóza (ž)	[dɪagno:za]
cura (f)	léčení (s)	[lɛ:tʃɛni:]
tratamento (m) médico	léčba (ž)	[lɛ:tʃba]
curar-se (vr)	léčit se	[lɛ:tʃɪt sɛ]
tratar (vt)	léčit	[lɛ:tʃɪt]
cuidar (pessoa)	ošetřovat	[oʃɛtrʃovat]
cuidado (m)	ošetřování (s)	[oʃɛtrʃova:ni:]

operação (f)	operace (ž)	[opɛratsɛ]
enfaixar (vt)	obvázat	[obva:zat]
enfaixamento (m)	obvazování (s)	[obvazova:ni:]

vacinação (f)	očkování (s)	[otʃkova:ni:]
vacinar (vt)	dělat očkování	[delat otʃkova:ni:]
injeção (f)	injekce (ž)	[ɪnjɛktsɛ]
dar uma injeção	dávat injekci	[da:vat ɪnjɛktsɪ]

ataque (~ de asma, etc.)	záchvat (m)	[za:xvat]
amputação (f)	amputace (ž)	[amputatsɛ]
amputar (vt)	amputovat	[amputovat]
coma (f)	kóma (s)	[ko:ma]
estar em coma	být v kómatu	[bi:t v ko:matu]
reanimação (f)	reanimace (ž)	[rɛanɪmatsɛ]

recuperar-se (vr)	uzdravovat se	[uzdravovat sɛ]
estado (~ de saúde)	stav (m)	[staf]
consciência (perder a ~)	vědomí (s)	[vedomi:]
memória (f)	paměť (ž)	[pamnetʲ]
tirar (vt)	trhat	[trhat]
obturação (f)	plomba (ž)	[plomba]

obturar (vt)	**plombovat**	[plombovat]
hipnose (f)	**hypnóza** (ž)	[hɪpnoːza]
hipnotizar (vt)	**hypnotizovat**	[hɪpnotɪzovat]

72. Médicos

médico (m)	**lékař** (m)	[lɛːkarʃ]
enfermeira (f)	**zdravotní sestra** (ž)	[zdravotni: sɛstra]
médico (m) pessoal	**osobní lékař** (m)	[osobni: lɛːkarʃ]
dentista (m)	**zubař** (m)	[zubarʃ]
oculista (m)	**oční lékař** (m)	[otʃni: lɛːkarʃ]
terapeuta (m)	**internista** (m)	[ɪntɛrnɪsta]
cirurgião (m)	**chirurg** (m)	[xɪrurg]
psiquiatra (m)	**psychiatr** (m)	[psɪxɪatr]
pediatra (m)	**pediatr** (m)	[pɛdɪatr]
psicólogo (m)	**psycholog** (m)	[psɪxolog]
ginecologista (m)	**gynekolog** (m)	[gɪnɛkolog]
cardiologista (m)	**kardiolog** (m)	[kardɪolog]

73. Medicina. Drogas. Acessórios

medicamento (m)	**lék** (m)	[lɛːk]
remédio (m)	**prostředek** (m)	[prostrʃɛdɛk]
receitar (vt)	**předepsat**	[prʒɛdɛpsat]
receita (f)	**recept** (m)	[rɛtsɛpt]
comprimido (m)	**tableta** (ž)	[tablɛta]
unguento (m)	**mast** (ž)	[mast]
ampola (f)	**ampule** (ž)	[ampulɛ]
solução, preparado (m)	**mixtura** (ž)	[mɪkstura]
xarope (m)	**sirup** (m)	[sɪrup]
cápsula (f)	**pilulka** (ž)	[pɪlulka]
pó (m)	**prášek** (m)	[praːʃɛk]
atadura (f)	**obvaz** (m)	[obvaz]
algodão (m)	**vata** (ž)	[vata]
iodo (m)	**jód** (m)	[joːt]
curativo (m) adesivo	**leukoplast** (m)	[lɛukoplast]
conta-gotas (m)	**pipeta** (ž)	[pɪpɛta]
termômetro (m)	**teploměr** (m)	[tɛplomner]
seringa (f)	**injekční stříkačka** (ž)	[ɪnjɛktʃni: strʃiːkatʃka]
cadeira (f) de rodas	**vozík** (m)	[voziːk]
muletas (f pl)	**berle** (ž mn)	[bɛrlɛ]
analgésico (m)	**anestetikum** (s)	[anɛstɛtɪkum]
laxante (m)	**projímadlo** (s)	[proji:madlo]
álcool (m)	**líh** (m)	[liːx]
ervas (f pl) medicinais	**bylina** (ž)	[bɪlɪna]
de ervas (chá ~)	**bylinný**	[bɪlɪnni:]

74. Fumar. Produtos tabágicos

tabaco (m)	**tabák** (m)	[taba:k]
cigarro (m)	**cigareta** (ž)	[ʦɪgarɛta]
charuto (m)	**doutník** (m)	[doutni:k]
cachimbo (m)	**dýmka** (ž)	[di:mka]
maço (~ de cigarros)	**krabička** (ž)	[krabɪʧka]
fósforos (m pl)	**zápalky** (ž mn)	[za:palkɪ]
caixa (f) de fósforos	**krabička** (ž) **zápalek**	[krabɪʧka za:palek]
isqueiro (m)	**zapalovač** (m)	[zapalovaʧ]
cinzeiro (m)	**popelník** (m)	[popɛlni:k]
cigarreira (f)	**pouzdro** (s) **na cigarety**	[pouzdro na ʦɪgarɛtɪ]
piteira (f)	**špička** (ž) **na cigarety**	[ʃpɪʧka na ʦɪgarɛtɪ]
filtro (m)	**filtr** (m)	[fɪltr]
fumar (vi, vt)	**kouřit**	[kourʒɪt]
acender um cigarro	**zapálit si**	[zapa:lɪt sɪ]
tabagismo (m)	**kouření** (s)	[kourʒɛni:]
fumante (m)	**kuřák** (m)	[kurʒa:k]
bituca (f)	**nedopalek** (m)	[nɛdopalɛk]
fumaça (f)	**kouř** (m)	[kourʃ]
cinza (f)	**popel** (m)	[popɛl]

HABITAT HUMANO

Cidade

75. Cidade. Vida na cidade

cidade (f)	město (s)	[mnesto]
capital (f)	hlavní město (s)	[hlavni: mnesto]
aldeia (f)	venkov (m)	[vɛŋkof]
mapa (m) da cidade	plán (m) města	[pla:n mnesta]
centro (m) da cidade	střed (m) města	[strʃɛd mnesta]
subúrbio (m)	předměstí (s)	[prʃɛdmnesti:]
suburbano (adj)	předměstský	[prʃɛdmnestski:]
periferia (f)	okraj (m)	[okraj]
arredores (m pl)	okolí (s)	[okoli:]
quarteirão (m)	čtvrť (ž)	[tʃtvrtⁱ]
quarteirão (m) residencial	obytná čtvrť (ž)	[obɪtna: tʃtvrtⁱ]
tráfego (m)	provoz (m)	[provoz]
semáforo (m)	semafor (m)	[sɛmafor]
transporte (m) público	městská doprava (ž)	[mnestska: doprava]
cruzamento (m)	křižovatka (ž)	[krʃɪʒovatka]
faixa (f)	přechod (m)	[prʃɛxot]
túnel (m) subterrâneo	podchod (m)	[podxot]
cruzar, atravessar (vt)	přecházet	[prʃɛxa:zɛt]
pedestre (m)	chodec (m)	[xodɛts]
calçada (f)	chodník (m)	[xodni:k]
ponte (f)	most (m)	[most]
margem (f) do rio	nábřeží (s)	[na:brʒɛʒi:]
fonte (f)	fontána (ž)	[fonta:na]
alameda (f)	alej (ž)	[alɛj]
parque (m)	park (m)	[park]
bulevar (m)	bulvár (m)	[bulva:r]
praça (f)	náměstí (s)	[na:mnesti:]
avenida (f)	třída (ž)	[trʃi:da]
rua (f)	ulice (ž)	[ulɪtsɛ]
travessa (f)	boční ulice (ž)	[botʃni: ulɪtsɛ]
beco (m) sem saída	slepá ulice (ž)	[slɛpa: ulɪtsɛ]
casa (f)	dům (m)	[du:m]
edifício, prédio (m)	budova (ž)	[budova]
arranha-céu (m)	mrakodrap (m)	[mrakodrap]
fachada (f)	fasáda (ž)	[fasa:da]
telhado (m)	střecha (ž)	[strʃɛxa]

_anela (f)	okno (s)	[okno]
arco (m)	oblouk (m)	[oblouk]
coluna (f)	sloup (m)	[sloup]
esquina (f)	roh (m)	[rox]

vitrine (f)	výloha (ž)	[vi:loha]
etreiro (m)	vývěsní tabule (ž)	[vi:vesni: tabulɛ]
cartaz (do filme, etc.)	plakát (m)	[plaka:t]
cartaz (m) publicitário	reklamní plakát (m)	[rɛklamni: plaka:t]
painel (m) publicitário	billboard (m)	[bɪlbo:rt]

ixo (m)	odpadky (m mn)	[otpatki:]
ata (f) de lixo	popelnice (ž)	[popɛlnɪtsɛ]
_ogar lixo na rua	dělat smetí	[delat smɛti:]
aterro (m) sanitário	smetiště (s)	[smɛtɪʃte]

orelhão (m)	telefonní budka (ž)	[tɛlɛfonni: butka]
poste (m) de luz	pouliční svítilna (ž)	[poulɪtʃni: svi:tɪlna]
banco (m)	lavička (ž)	[lavɪtʃka]

polícia (m)	policista (m)	[polɪtsɪsta]
polícia (instituição)	policie (ž)	[polɪtsɪe]
mendigo, pedinte (m)	žebrák (m)	[ʒebra:k]
desabrigado (m)	bezdomovec (m)	[bɛzdomovɛts]

76. Instituições urbanas

loja (f)	obchod (m)	[obxot]
drogaria (f)	lékárna (ž)	[lɛ:ka:rna]
ótica (f)	oční optika (ž)	[otʃni: optɪka]
centro (m) comercial	obchodní středisko (s)	[obxodni: strʃɛdɪsko]
supermercado (m)	supermarket (m)	[supɛrmarket]

padaria (f)	pekařství (s)	[pɛkarʃstvi:]
padeiro (m)	pekař (m)	[pɛkarʃ]
pastelaria (f)	cukrárna (ž)	[tsukra:rna]
mercearia (f)	smíšené zboží (s)	[smíʃɛnɛ: zboʒi:]
açougue (m)	řeznictví (s)	[rʒɛznɪtsvi:]

fruteira (f)	zelinářství (s)	[zɛlɪna:rʃstvi:]
mercado (m)	tržnice (ž)	[trʒnɪtsɛ]

cafeteria (f)	kavárna (ž)	[kava:rna]
restaurante (m)	restaurace (ž)	[rɛstauratsɛ]
bar (m)	pivnice (ž)	[pɪvnɪtsɛ]
pizzaria (f)	pizzerie (ž)	[pɪtsɛrɪe]

salão (m) de cabeleireiro	holičství (s) a kadeřnictví	[holɪtʃstvi: a kadɛrʒnɪtstvi:]
agência (f) dos correios	pošta (ž)	[poʃta]
lavanderia (f)	čistírna (ž)	[tʃɪsti:rna]
estúdio (m) fotográfico	fotografický ateliér (m)	[fotografɪtski: atɛlɪe:r]

sapataria (f)	obchod (m) s obuví	[obxot s obuvi:]
livraria (f)	knihkupectví (s)	[knɪxkupɛtstvi:]

loja (f) de artigos esportivos	sportovní potřeby (ž mn)	[sportovni: potrʃɛbɪ]
costureira (m)	opravna (ž) oděvů	[opravna odevu:]
aluguel (m) de roupa	půjčovna (ž) oděvů	[pu:jʧovna odevu:]
videolocadora (f)	půjčovna (ž) filmů	[pu:jʧovna fɪlmu:]

circo (m)	cirkus (m)	[tsɪrkus]
jardim (m) zoológico	zoologická zahrada (ž)	[zoologɪtska: zahrada]
cinema (m)	biograf (m)	[bɪograf]
museu (m)	muzeum (s)	[muzɛum]
biblioteca (f)	knihovna (ž)	[knɪhovna]

teatro (m)	divadlo (s)	[dɪvadlo]
ópera (f)	opera (ž)	[opɛra]
boate (casa noturna)	noční klub (m)	[noʧni: klup]
cassino (m)	kasino (s)	[kasi:no]

mesquita (f)	mešita (ž)	[mɛʃɪta]
sinagoga (f)	synagóga (ž)	[sinago:ga]
catedral (f)	katedrála (ž)	[katɛdra:la]
templo (m)	chrám (m)	[xra:m]
igreja (f)	kostel (m)	[kostɛl]

faculdade (f)	vysoká škola (ž)	[vɪsoka: ʃkola]
universidade (f)	univerzita (ž)	[unɪvɛrzɪta]
escola (f)	škola (ž)	[ʃkola]

prefeitura (f)	prefektura (ž)	[prɛfɛktura]
câmara (f) municipal	magistrát (m)	[magɪstra:t]
hotel (m)	hotel (m)	[hotɛl]
banco (m)	banka (ž)	[baŋka]

embaixada (f)	velvyslanectví (s)	[vɛlvɪslanɛtstvi:]
agência (f) de viagens	cestovní kancelář (ž)	[tsɛstovni: kantsɛla:rʃ]
agência (f) de informações	informační kancelář (ž)	[ɪnformatʃni: kantsɛla:rʃ]
casa (f) de câmbio	směnárna (ž)	[smnena:rna]

metrô (m)	metro (s)	[mɛtro]
hospital (m)	nemocnice (ž)	[nɛmotsnɪtsɛ]

posto (m) de gasolina	benzínová stanice (ž)	[bɛnzi:nova: stanɪtsɛ]
parque (m) de estacionamento	parkoviště (s)	[parkovɪʃte]

77. Transportes urbanos

ônibus (m)	autobus (m)	[autobus]
bonde (m) elétrico	tramvaj (ž)	[tramvaj]
trólebus (m)	trolejbus (m)	[trolɛjbus]
rota (f), itinerário (m)	trasa (ž)	[trasa]
número (m)	číslo (s)	[ʧi:slo]

ir de ... (carro, etc.)	jet	[jɛt]
entrar no ...	nastoupit do ...	[nastoupɪt do]
descer do ...	vystoupit z ...	[vɪstoupɪt z]
parada (f)	zastávka (ž)	[zasta:fka]

próxima parada (f)	příští zastávka (ž)	[prʃiːʃti: zasta:fka]
terminal (m)	konečná stanice (ž)	[konɛtʃna: stanɪtsɛ]
horário (m)	jízdní řád (m)	[jiːzdni: rʒaːt]
esperar (vt)	čekat	[tʃɛkat]
passagem (f)	jízdenka (ž)	[jiːzdɛŋka]
tarifa (f)	jízdné (s)	[jiːzdnɛː]
bilheteiro (m)	pokladník (m)	[pokladni:k]
controle (m) de passagens	kontrola (ž)	[kontrola]
revisor (m)	revizor (m)	[rɛvɪzor]
atrasar-se (vr)	mít zpoždění	[mi:t spoʒdɛni:]
perder (o autocarro, etc.)	opozdit se	[opozdɪt sɛ]
estar com pressa	pospíchat	[pospi:xat]
táxi (m)	taxík (m)	[taksi:k]
taxista (m)	taxikář (m)	[taksɪka:rʃ]
de táxi (ir ~)	taxíkem	[taksi:kɛm]
ponto (m) de táxis	stanoviště (s) taxíků	[stanovɪʃte taksi:ku:]
chamar um táxi	zavolat taxíka	[zavolat taksi:ka]
pegar um táxi	vzít taxíka	[vzi:t taksi:ka]
tráfego (m)	uliční provoz (m)	[ulɪtʃni: provoz]
engarrafamento (m)	zácpa (ž)	[za:tspa]
horas (f pl) de pico	špička (ž)	[ʃpɪtʃka]
estacionar (vi)	parkovat se	[parkovat sɛ]
estacionar (vt)	parkovat	[parkovat]
parque (m) de estacionamento	parkoviště (s)	[parkovɪʃte]
metrô (m)	metro (s)	[mɛtro]
estação (f)	stanice (ž)	[stanɪtsɛ]
r de metrô	jet metrem	[jɛt mɛtrɛm]
trem (m)	vlak (m)	[vlak]
estação (f) de trem	nádraží (s)	[na:draʒi:]

78. Turismo

monumento (m)	památka (ž)	[pama:tka]
fortaleza (f)	pevnost (ž)	[pɛvnost]
palácio (m)	palác (m)	[pala:ts]
castelo (m)	zámek (m)	[za:mɛk]
torre (f)	věž (ž)	[vɛʃ]
mausoléu (m)	mauzoleum (s)	[mauzolɛum]
arquitetura (f)	architektura (ž)	[arxɪtɛktura]
medieval (adj)	středověký	[strʃɛdoveki:]
antigo (adj)	starobylý	[starobɪli:]
nacional (adj)	národní	[na:rodni:]
famoso, conhecido (adj)	známý	[zna:mi:]
turista (m)	turista (m)	[turɪsta]
guia (pessoa)	průvodce (m)	[pru:vodtsɛ]
excursão (f)	výlet (m)	[vi:lɛt]

| mostrar (vt) | ukazovat | [ukazovat] |
| contar (vt) | povídat | [povi:dat] |

encontrar (vt)	najít	[naji:t]
perder-se (vr)	ztratit se	[stratɪtsɛ]
mapa (~ do metrô)	plán (m)	[pla:n]
mapa (~ da cidade)	plán (m)	[pla:n]

lembrança (f), presente (m)	suvenýr (m)	[suvɛni:r]
loja (f) de presentes	prodejna (ž) suvenýrů	[prodɛjna suvɛni:ru:]
tirar fotos, fotografar	fotografovat	[fotografovat]
fotografar-se (vr)	fotografovat se	[fotografovat sɛ]

79. Compras

comprar (vt)	kupovat	[kupovat]
compra (f)	nákup (m)	[na:kup]
fazer compras	dělat nákupy	[delat na:kupɪ]
compras (f pl)	nakupování (s)	[nakupova:ni:]

| estar aberta (loja) | být otevřen | [bi:t otɛvrʒɛn] |
| estar fechada | být zavřen | [bi:t zavrʒɛn] |

calçado (m)	obuv (ž)	[obuʃ]
roupa (f)	oblečení (s)	[oblɛtʃɛni:]
cosméticos (m pl)	kosmetika (ž)	[kosmɛtɪka]
alimentos (m pl)	potraviny (ž mn)	[potravɪnɪ]
presente (m)	dárek (m)	[da:rɛk]

| vendedor (m) | prodavač (m) | [prodavatʃ] |
| vendedora (f) | prodavačka (ž) | [prodavatʃka] |

caixa (f)	pokladna (ž)	[pokladna]
espelho (m)	zrcadlo (s)	[zrtsadlo]
balcão (m)	pult (m)	[pult]
provador (m)	zkušební kabinka (ž)	[skuʃɛbni: kabɪŋka]

provar (vt)	zkusit	[skusɪt]
servir (roupa, caber)	hodit se	[hodɪt sɛ]
gostar (apreciar)	líbit se	[li:bɪt sɛ]

preço (m)	cena (ž)	[tsɛna]
etiqueta (f) de preço	cenovka (ž)	[tsɛnofka]
custar (vt)	stát	[sta:t]
Quanto?	Kolik?	[kolɪk]
desconto (m)	sleva (ž)	[slɛva]

não caro (adj)	levný	[lɛvni:]
barato (adj)	levný	[lɛvni:]
caro (adj)	drahý	[drahi:]
É caro	To je drahé	[to jɛ drahɛ:]

| aluguel (m) | půjčování (s) | [pu:jtʃova:ni:] |
| alugar (roupas, etc.) | vypůjčit si | [vɪpu:jtʃɪt sɪ] |

crédito (m)	úvěr (m)	[u:ver]
a crédito	na splátky	[na spla:tkɪ]

80. Dinheiro

dinheiro (m)	peníze (m mn)	[pɛni:zɛ]
câmbio (m)	výměna (ž)	[vi:mnena]
taxa (f) de câmbio	kurz (m)	[kurs]
caixa (m) eletrônico	bankomat (m)	[baŋkomat]
moeda (f)	mince (ž)	[mɪntsɛ]

dólar (m)	dolar (m)	[dolar]
euro (m)	euro (s)	[ɛuro]

lira (f)	lira (ž)	[lɪra]
marco (m)	marka (ž)	[marka]
franco (m)	frank (m)	[fraŋk]
libra (f) esterlina	libra (ž) šterlinků	[lɪbra ʃtɛrlɪŋku:]
iene (m)	jen (m)	[jɛn]

dívida (f)	dluh (m)	[dlux]
devedor (m)	dlužník (m)	[dluʒni:k]
emprestar (vt)	půjčit	[pu:jtʃɪt]
pedir emprestado	půjčit si	[pu:jtʃɪt sɪ]

banco (m)	banka (ž)	[baŋka]
conta (f)	účet (m)	[u:tʃɛt]
depositar na conta	uložit na účet	[uloʒɪt na u:tʃɛt]
sacar (vt)	vybrat z účtu	[vɪbrat s u:tʃtu]

cartão (m) de crédito	kreditní karta (ž)	[krɛdɪtni: karta]
dinheiro (m) vivo	hotové peníze (m mn)	[hotovɛ: pɛni:zɛ]
cheque (m)	šek (m)	[ʃɛk]
passar um cheque	vystavit šek	[vɪstavɪt ʃɛk]
talão (m) de cheques	šeková knížka (ž)	[ʃɛkova: kni:ʃka]

carteira (f)	náprsní taška (ž)	[na:prsni: taʃka]
niqueleira (f)	peněženka (ž)	[pɛneʒeŋka]
cofre (m)	trezor (m)	[trɛzor]

herdeiro (m)	dědic (m)	[dedɪts]
herança (f)	dědictví (s)	[dedɪtstvi:]
fortuna (riqueza)	majetek (m)	[majɛtɛk]

arrendamento (m)	nájem (m)	[na:jɛm]
aluguel (pagar o ~)	činže (ž)	[tʃɪnʒe]
alugar (vt)	pronajímat si	[pronaji:mat sɪ]

preço (m)	cena (ž)	[tsɛna]
custo (m)	cena (ž)	[tsɛna]
soma (f)	částka (ž)	[tʃa:stka]

gastar (vt)	utrácet	[utra:tsɛt]
gastos (m pl)	náklady (m mn)	[na:kladɪ]

| economizar (vi) | šetřit | [ʃɛtrʃɪt] |
| econômico (adj) | úsporný | [u:sporni:] |

pagar (vt)	platit	[platɪt]
pagamento (m)	platba (ž)	[platba]
troco (m)	peníze (m mn) nazpět	[pɛni:zɛ naspet]

imposto (m)	daň (ž)	[danʲ]
multa (f)	pokuta (ž)	[pokuta]
multar (vt)	pokutovat	[pokutovat]

81. Correios. Serviço postal

agência (f) dos correios	pošta (ž)	[poʃta]
correio (m)	pošta (ž)	[poʃta]
carteiro (m)	listonoš (m)	[lɪstonoʃ]
horário (m)	pracovní doba (ž)	[pratsovni: doba]

carta (f)	dopis (m)	[dopɪs]
carta (f) registada	doporučený dopis (m)	[doporutʃɛni: dopɪs]
cartão (m) postal	pohlednice (ž)	[pohlɛdnɪtsɛ]
telegrama (m)	telegram (m)	[tɛlɛgram]
encomenda (f)	balík (m)	[bali:k]
transferência (f) de dinheiro	peněžní poukázka (ž)	[pɛneʒni: pouka:ska]

receber (vt)	dostat	[dostat]
enviar (vt)	odeslat	[odɛslat]
envio (m)	odeslání (s)	[odɛsla:ni:]

endereço (m)	adresa (ž)	[adrɛsa]
código (m) postal	poštovní směrovací číslo (s)	[poʃtovni: smnerovatsi: tʃi:slo]
remetente (m)	odesílatel (m)	[odɛsi:latɛl]
destinatário (m)	příjemce (m)	[prʃi:jɛmtsɛ]

| nome (m) | jméno (s) | [jmɛ:no] |
| sobrenome (m) | příjmení (s) | [prʃi:jmɛni:] |

tarifa (f)	tarif (m)	[tarɪf]
ordinário (adj)	obyčejný	[obɪtʃɛjni:]
econômico (adj)	zlevněný	[zlɛvneni:]

peso (m)	váha (ž)	[va:ha]
pesar (estabelecer o peso)	vážit	[va:ʒɪt]
envelope (m)	obálka (ž)	[oba:lka]
selo (m) postal	známka (ž)	[zna:mka]
colar o selo	nalepovat známku	[nalɛpovat zna:mku]

Moradia. Casa. Lar

82. Casa. Habitação

casa (f)	dům (m)	[du:m]
em casa	doma	[doma]
pátio (m), quintal (f)	dvůr (m)	[dvu:r]
cerca, grade (f)	ohrada (ž)	[ohrada]
tijolo (m)	cihla (ž)	[tsɪhla]
de tijolos	cihlový	[tsɪhlovi:]
pedra (f)	kámen (m)	[ka:mɛn]
de pedra	kamenný	[kamɛnni:]
concreto (m)	beton (m)	[bɛton]
concreto (adj)	betonový	[bɛtonovi:]
novo (adj)	nový	[novi:]
velho (adj)	starý	[stari:]
decrépito (adj)	sešlý	[sɛʃli:]
moderno (adj)	moderní	[modɛrni:]
de vários andares	vícepatrový	[vi:tsɛpatrovi:]
alto (adj)	vysoký	[vɪsoki:]
andar (m)	poschodí (s)	[posxodi:]
de um andar	přizemní	[prʃɪzɛmni:]
térreo (m)	dolní podlaží (s)	[dolni: podlaʒi:]
andar (m) de cima	horní podlaží (s)	[horni: podlaʒi:]
telhado (m)	střecha (ž)	[strʃɛxa]
chaminé (f)	komín (m)	[komi:n]
telha (f)	taška (ž)	[taʃka]
de telha	taškový	[taʃkovi:]
sótão (m)	půda (ž)	[pu:da]
janela (f)	okno (s)	[okno]
vidro (m)	sklo (s)	[sklo]
parapeito (m)	parapet (m)	[parapɛt]
persianas (f pl)	okenice (ž mn)	[okɛnɪtsɛ]
parede (f)	stěna (ž)	[stena]
varanda (f)	balkón (m)	[balko:n]
calha (f)	okapová roura (ž)	[okapova: roura]
em cima	nahoře	[nahorʒɛ]
subir (vi)	vystupovat	[vɪstupovat]
descer (vi)	jít dolů	[ji:t dolu:]
mudar-se (vr)	stěhovat se	[stehovat sɛ]

83. Casa. Entrada. Elevador

entrada (f)	vchod (m)	[vxot]
escada (f)	schodiště (s)	[sxodɪʃte]
degraus (m pl)	schody (m mn)	[sxodɪ]
corrimão (m)	zábradlí (s)	[za:bradli:]
hall (m) de entrada	hala (ž)	[hala]

caixa (f) de correio	poštovní schránka (ž)	[poʃtovni: sxra:ŋka]
lata (f) do lixo	popelnice (ž)	[popɛlnɪtsɛ]
calha (f) de lixo	šachta (ž) na odpadky	[ʃaxta na otpatkɪ]

elevador (m)	výtah (m)	[vi:tax]
elevador (m) de carga	nákladní výtah (m)	[na:kladni: vi:tax]
cabine (f)	kabina (ž)	[kabɪna]
pegar o elevador	jet výtahem	[jɛt vi:tahɛm]

apartamento (m)	byt (m)	[bɪt]
residentes (pl)	nájemníci (m)	[na:jɛmni:tsɪ]
vizinho (m)	soused (m)	[sousɛt]
vizinha (f)	sousedka (ž)	[sousɛtka]
vizinhos (pl)	sousedé (m mn)	[sousɛdɛ:]

84. Casa. Portas. Fechaduras

porta (f)	dveře (ž mn)	[dvɛrʒɛ]
portão (m)	vrata (s mn)	[vrata]
maçaneta (f)	klika (ž)	[klɪka]
destrancar (vt)	odemknout	[odɛmknout]
abrir (vt)	otvírat	[otvi:rat]
fechar (vt)	zavírat	[zavi:rat]

chave (f)	klíč (m)	[kli:tʃ]
molho (m)	svazek (m)	[svazɛk]
ranger (vi)	vrzat	[vrzat]
rangido (m)	vrzání (s)	[vrza:ni:]
dobradiça (f)	závěs (m)	[za:ves]
capacho (m)	kobereček (m)	[kobɛrɛtʃɛk]

fechadura (f)	zámek (m)	[za:mɛk]
buraco (m) da fechadura	klíčová dírka (ž)	[kli:tʃova: di:rka]
barra (f)	závora (ž)	[za:vora]
fecho (ferrolho pequeno)	zástrčka (ž)	[za:strtʃka]
cadeado (m)	visací zámek (m)	[vɪsatsi za:mɛk]

tocar (vt)	zvonit	[zvonɪt]
toque (m)	zvonění (s)	[zvoneni:]
campainha (f)	zvonek (m)	[zvonɛk]
botão (m)	knoflík (m)	[knofli:k]
batida (f)	klepání (s)	[klɛpa:ni:]
bater (vi)	klepat	[klɛpat]
código (m)	kód (m)	[ko:t]
fechadura (f) de código	kódový zámek (m)	[ko:dovi: za:mɛk]

interfone (m)	domácí telefon (m)	[doma:tsi: tɛlɛfon]
número (m)	číslo (s)	[tʃi:slo]
placa (f) de porta	štítek (m)	[ʃtitɛk]
olho (m) mágico	kukátko (s)	[kuka:tko]

85. Casa de campo

aldeia (f)	venkov (m)	[vɛŋkof]
horta (f)	zelinářská zahrada (ž)	[zɛlɪna:rʃska: zahrada]
cerca (f)	plot (m)	[plot]
cerca (f) de piquete	pletený plot (m)	[plɛtɛni: plot]
portão (f) do jardim	vrátka (s mn)	[vra:tka]
celeiro (m)	sýpka (ž)	[si:pka]
adega (f)	sklep (m)	[sklɛp]
galpão, barracão (m)	kůlna (ž)	[ku:lna]
poço (m)	studna (ž)	[studna]
fogão (m)	kamna (s mn)	[kamna]
atiçar o fogo	topit	[topɪt]
enha (carvão ou ~)	dříví (s)	[drʒi:vi:]
acha, lenha (f)	poleno (s)	[polɛno]
varanda (f)	veranda (ž)	[vɛranda]
alpendre (m)	terasa (ž)	[tɛrasa]
degraus (m pl) de entrada	schody (m mn) před vchodem	[sxodɪ prʃɛd vxodɛm]
balanço (m)	houpačky (ž mn)	[houpatʃkɪ]

86. Castelo. Palácio

castelo (m)	zámek (m)	[za:mɛk]
palácio (m)	palác (m)	[pala:ts]
fortaleza (f)	pevnost (ž)	[pɛvnost]
muralha (f)	zeď (ž)	[zɛtʲ]
torre (f)	věž (ž)	[vɛʃ]
calabouço (m)	hlavní věž (ž)	[hlavni: vɛʃ]
grade (f) levadiça	zvedací vrata (s mn)	[zvɛdatsi: vrata]
passagem (f) subterrânea	podzemní chodba (ž)	[podzɛmni: xodba]
fosso (m)	příkop (m)	[prʃi:kop]
corrente, cadeia (f)	řetěz (m)	[rʒɛtez]
seteira (f)	střílna (ž)	[strʃi:lna]
magnífico (adj)	velkolepý	[vɛlkolɛpi:]
majestoso (adj)	majestátní	[majɛsta:tni:]
inexpugnável (adj)	nedobytný	[nɛdobɪtni:]
medieval (adj)	středověký	[strʃɛdoveki:]

87. Apartamento

apartamento (m)	byt (m)	[bɪt]
quarto, cômodo (m)	pokoj (m)	[pokoj]
quarto (m) de dormir	ložnice (ž)	[loʒnɪtsɛ]
sala (f) de jantar	jídelna (ž)	[jiːdɛlna]
sala (f) de estar	přijímací pokoj (m)	[prʃɪjiːmatsi: pokoj]
escritório (m)	pracovna (ž)	[pratsovna]

sala (f) de entrada	předsíň (ž)	[prʃɛtsiːnʲ]
banheiro (m)	koupelna (ž)	[koupɛlna]
lavabo (m)	záchod (m)	[zaːxot]

teto (m)	strop (m)	[strop]
chão, piso (m)	podlaha (ž)	[podlaha]
canto (m)	kout (m)	[kout]

88. Apartamento. Limpeza

arrumar, limpar (vt)	uklízet	[ukliːzɛt]
guardar (no armário, etc.)	odklízet	[otkliːzɛt]
pó (m)	prach (m)	[prax]
empoeirado (adj)	zaprášený	[zapraːʃɛniː]
tirar o pó	utírat prach	[utiːrat prax]
aspirador (m)	vysavač (m)	[vɪsavatʃ]
aspirar (vt)	vysávat	[vɪsaːvat]

varrer (vt)	zametat	[zamɛtat]
sujeira (f)	smetí (s)	[smɛtiː]
arrumação, ordem (f)	pořádek (m)	[porʒaːdɛk]
desordem (f)	nepořádek (m)	[nɛporʒaːdɛk]

esfregão (m)	mop (m)	[mop]
pano (m), trapo (m)	hadr (m)	[hadr]
vassoura (f)	koště (s)	[koʃte]
pá (f) de lixo	lopatka (ž) na smetí	[lopatka na smɛtiː]

89. Mobiliário. Interior

mobiliário (m)	nábytek (m)	[naːbɪtɛk]
mesa (f)	stůl (m)	[stuːl]
cadeira (f)	židle (ž)	[ʒɪdlɛ]
cama (f)	lůžko (s)	[luːʃko]
sofá, divã (m)	pohovka (ž)	[pohofka]
poltrona (f)	křeslo (s)	[krʃɛslo]

estante (f)	knihovna (ž)	[knɪhovna]
prateleira (f)	police (ž)	[polɪtsɛ]

guarda-roupas (m)	skříň (ž)	[skrʃiːnʲ]
cabide (m) de parede	předsíňový věšák (m)	[prʃɛdsiːnovi: veʃaːk]

cabideiro (m) de pé	stojanový věšák (m)	[stojanovi: veʃa:k]
cômoda (f)	prádelník (m)	[pra:dɛlni:k]
mesinha (f) de centro	konferenční stolek (m)	[konfɛrɛntʃni: stolɛk]
espelho (m)	zrcadlo (s)	[zrʦadlo]
tapete (m)	koberec (m)	[kobɛrɛts]
tapete (m) pequeno	kobereček (m)	[kobɛrɛtʃɛk]
lareira (f)	krb (m)	[krp]
vela (f)	svíce (ž)	[svi:ʦɛ]
castiçal (m)	svícen (m)	[svi:ʦɛn]
cortinas (f pl)	záclony (ž mn)	[za:ʦlonɪ]
papel (m) de parede	tapety (ž mn)	[tapɛtɪ]
persianas (f pl)	žaluzie (ž)	[ʒaluzɪe]
luminária (f) de mesa	stolní lampa (ž)	[stolni: lampa]
luminária (f) de parede	svítidlo (s)	[svi:tɪdlo]
abajur (m) de pé	stojací lampa (ž)	[stojaʦi: lampa]
lustre (m)	lustr (m)	[lustr]
pé (de mesa, etc.)	noha (ž)	[noha]
braço, descanso (m)	područka (ž)	[podrutʃka]
costas (f pl)	opěradlo (s)	[operadlo]
gaveta (f)	zásuvka (ž)	[za:sufka]

90. Quarto de dormir

roupa (f) de cama	ložní prádlo (s)	[loʒni: pra:dlo]
travesseiro (m)	polštář (m)	[polʃta:rʃ]
fronha (f)	povlak (m) na polštář	[povlak na polʃta:rʒ]
cobertor (m)	deka (ž)	[dɛka]
lençol (m)	prostěradlo (s)	[prosteradlo]
colcha (f)	přikrývka (ž)	[prʃɪkri:fka]

91. Cozinha

cozinha (f)	kuchyně (ž)	[kuxɪne]
gás (m)	plyn (m)	[plɪn]
fogão (m) a gás	plynový sporák (m)	[plɪnovi: spora:k]
fogão (m) elétrico	elektrický sporák (m)	[ɛlɛktrɪtski: spora:k]
forno (m)	trouba (ž)	[trouba]
forno (m) de micro-ondas	mikrovlnná pec (ž)	[mɪkrovlnna: pɛʦ]
geladeira (f)	lednička (ž)	[lɛdnɪtʃka]
congelador (m)	mrazicí komora (ž)	[mrazɪtsi: komora]
máquina (f) de lavar louça	myčka (ž) nádobí	[mɪtʃka na:dobi:]
moedor (m) de carne	mlýnek (m) na maso	[mli:nɛk na maso]
espremedor (m)	odšťavňovač (m)	[otʃtʲavnʲovatʃ]
torradeira (f)	opékač (m) topinek	[opɛ:katʃ topɪnɛk]
batedeira (f)	mixér (m)	[mɪksɛ:r]

máquina (f) de café	kávovar (m)	[ka:vovar]
cafeteira (f)	konvice (ž) na kávu	[konvɪtsɛ na ka:vu]
moedor (m) de café	mlýnek (m) na kávu	[mli:nɛk na ka:vu]
chaleira (f)	čajník (m)	[tʃajni:k]
bule (m)	čajová konvice (ž)	[tʃajova: konvɪtsɛ]
tampa (f)	poklička (ž)	[poklɪtʃka]
coador (m) de chá	cedítko (s)	[tsɛdi:tko]
colher (f)	lžíce (ž)	[ʒi:tsɛ]
colher (f) de chá	kávová lžička (ž)	[ka:vova: ʒɪtʃka]
colher (f) de sopa	polévková lžíce (ž)	[polɛ:fkova: ʒi:tsɛ]
garfo (m)	vidlička (ž)	[vɪdlɪtʃka]
faca (f)	nůž (m)	[nu:ʃ]
louça (f)	nádobí (s)	[na:dobi:]
prato (m)	talíř (m)	[tali:rʃ]
pires (m)	talířek (m)	[tali:rʒɛk]
cálice (m)	sklenička (ž)	[sklɛnɪtʃka]
copo (m)	sklenice (ž)	[sklɛnɪtsɛ]
xícara (f)	šálek (m)	[ʃa:lɛk]
açucareiro (m)	cukřenka (ž)	[tsukrʃɛŋka]
saleiro (m)	solnička (ž)	[solnɪtʃka]
pimenteiro (m)	pepřenka (ž)	[pɛprʃɛŋka]
manteigueira (f)	nádobka (ž) na máslo	[na:dopka na ma:slo]
panela (f)	hrnec (m)	[hrnɛts]
frigideira (f)	pánev (ž)	[pa:nɛf]
concha (f)	naběračka (ž)	[naberatʃka]
coador (m)	cedník (m)	[tsɛdni:k]
bandeja (f)	podnos (m)	[podnos]
garrafa (f)	láhev (ž)	[la:hɛf]
pote (m) de vidro	sklenice (ž)	[sklɛnɪtsɛ]
lata (~ de cerveja)	plechovka (ž)	[plɛxofka]
abridor (m) de garrafa	otvírač (m) lahví	[otvi:ratʃ lahvi:]
abridor (m) de latas	otvírač (m) konzerv	[otvi:ratʃ konzɛrf]
saca-rolhas (m)	vývrtka (ž)	[vi:vrtka]
filtro (m)	filtr (m)	[fɪltr]
filtrar (vt)	filtrovat	[fɪltrovat]
lixo (m)	odpadky (m mn)	[otpatki:]
lixeira (f)	kbelík (m) na odpadky	[gbɛli:k na otpatkɪ]

92. Casa de banho

banheiro (m)	koupelna (ž)	[koupɛlna]
água (f)	voda (ž)	[voda]
torneira (f)	kohout (m)	[kohout]
água (f) quente	teplá voda (ž)	[tɛpla: voda]
água (f) fria	studená voda (ž)	[studɛna: voda]

| pasta (f) de dente | zubní pasta (ž) | [zubni: pasta] |
| escovar os dentes | čistit si zuby | [tʃɪstɪt sɪ zubɪ] |

barbear-se (vr)	holit se	[holɪt sɛ]
espuma (f) de barbear	pěna (ž) na holení	[pena na holɛni:]
gilete (f)	holicí strojek (m)	[holɪtsi: strojɛk]

lavar (vt)	mýt	[mi:t]
tomar banho	mýt se	[mi:t sɛ]
chuveiro (m), ducha (f)	sprcha (ž)	[sprxa]
tomar uma ducha	sprchovat se	[sprxovat sɛ]

banheira (f)	vana (ž)	[vana]
vaso (m) sanitário	záchodová mísa (ž)	[za:xodova: mi:sa]
pia (f)	umývadlo (s)	[umi:vadlo]

| sabonete (m) | mýdlo (m) | [mi:dlo] |
| saboneteira (f) | miska (ž) na mýdlo | [mɪska na mi:dlo] |

esponja (f)	mycí houba (ž)	[mɪtsi: houba]
xampu (m)	šampon (m)	[ʃampon]
toalha (f)	ručník (m)	[rutʃni:k]
roupão (m) de banho	župan (m)	[ʒupan]

lavagem (f)	praní (s)	[prani:]
lavadora (f) de roupas	pračka (ž)	[pratʃka]
lavar a roupa	prát	[pra:t]
detergente (m)	prací prášek (m)	[pratsi: pra:ʃɛk]

93. Eletrodomésticos

televisor (m)	televizor (m)	[tɛlɛvɪzor]
gravador (m)	magnetofon (m)	[magnɛtofon]
videogravador (m)	videomagnetofon (m)	[vɪdɛomagnɛtofon]
rádio (m)	přijímač (m)	[prʃɪji:matʃ]
leitor (m)	přehrávač (m)	[prʃɛhra:vatʃ]

projetor (m)	projektor (m)	[projɛktor]
cinema (m) em casa	domácí biograf (m)	[doma:tsi: bɪograf]
DVD Player (m)	DVD přehrávač (m)	[dɛvɛdɛ prʃɛhra:vatʃ]
amplificador (m)	zesilovač (m)	[zɛsɪlovatʃ]
console (f) de jogos	hrací přístroj (m)	[hratsi: prʃi:stroj]

câmera (f) de vídeo	videokamera (ž)	[vɪdɛokamɛra]
máquina (f) fotográfica	fotoaparát (m)	[fotoapara:t]
câmera (f) digital	digitální fotoaparát (m)	[dɪgɪta:lni: fotoapara:t]

aspirador (m)	vysavač (m)	[vɪsavatʃ]
ferro (m) de passar	žehlička (ž)	[ʒehlɪtʃka]
tábua (f) de passar	žehlicí prkno (s)	[ʒehlɪtsi: prkno]

telefone (m)	telefon (m)	[tɛlɛfon]
celular (m)	mobilní telefon (m)	[mobɪlni: tɛlɛfon]
máquina (f) de escrever	psací stroj (m)	[psatsi: stroj]

máquina (f) de costura	šicí stroj (m)	[ʃɪtsi: stroj]
microfone (m)	mikrofon (m)	[mɪkrofon]
fone (m) de ouvido	sluchátka (s mn)	[sluxa:tka]
controle remoto (m)	ovládač (m)	[ovla:datʃ]
CD (m)	CD disk (m)	[tsɛ:dɛ: dɪsk]
fita (f) cassete	kazeta (ž)	[kazɛta]
disco (m) de vinil	deska (ž)	[dɛska]

94. Reparações. Renovação

renovação (f)	oprava (ž)	[oprava]
renovar (vt), fazer obras	dělat opravu	[delat opravu]
reparar (vt)	opravovat	[opravovat]
consertar (vt)	dávat do pořádku	[da:vat do porʒa:tku]
refazer (vt)	předělávat	[prʃɛdela:vat]
tinta (f)	barva (ž)	[barva]
pintar (vt)	natírat	[nati:rat]
pintor (m)	malíř (m) pokojů	[mali:rʃ pokoju:]
pincel (m)	štětec (m)	[ʃtetɛts]
cal (f)	omítka (ž)	[omi:tka]
caiar (vt)	bílit	[bi:lɪt]
papel (m) de parede	tapety (ž mn)	[tapɛtɪ]
colocar papel de parede	vytapetovat	[vɪtapɛtovat]
verniz (m)	lak (m)	[lak]
envernizar (vt)	lakovat	[lakovat]

95. Canalizações

água (f)	voda (ž)	[voda]
água (f) quente	teplá voda (ž)	[tɛpla: voda]
água (f) fria	studená voda (ž)	[studɛna: voda]
torneira (f)	kohout (m)	[kohout]
gota (f)	kapka (ž)	[kapka]
gotejar (vi)	kapat	[kapat]
vazar (vt)	téci	[tɛ:tsɪ]
vazamento (m)	tečení (s)	[tɛtʃɛni:]
poça (f)	louže (ž)	[louʒe]
tubo (m)	trubka (ž)	[trupka]
válvula (f)	ventil (m)	[vɛntɪl]
entupir-se (vr)	zacpat se	[zatspat sɛ]
ferramentas (f pl)	nástroje (m mn)	[nastrojɛ]
chave (f) inglesa	stavitelný klíč (m)	[stavɪtɛlni: kli:tʃ]
desenroscar (vt)	ukroutit	[ukroutɪt]
enroscar (vt)	zakroutit	[zakroutɪt]
desentupir (vt)	pročišťovat	[protʃɪʃtʲovat]

encanador (m)	instalatér (m)	[ɪnstalatɛ:r]
ꝏrão (m)	sklep (m)	[sklɛp]
ꝛede (f) de esgotos	kanalizace (ž)	[kanalɪzatsɛ]

96. Fogo. Deflagração

ncêndio (m)	oheň (m)	[ohɛnʲ]
chama (f)	plamen (m)	[plamɛn]
faísca (f)	jiskra (ž)	[jɪskra]
fumaça (f)	kouř (m)	[kourʃ]
tocha (f)	pochodeň (ž)	[poxodɛnʲ]
fogueira (f)	oheň (m)	[ohɛnʲ]

gasolina (f)	benzín (m)	[bɛnzi:n]
querosene (m)	petrolej (m)	[pɛtrolɛj]
nflamável (adj)	hořlavý	[horʒlavi:]
explosivo (adj)	výbušný	[vi:buʃni:]
PROIBIDO FUMAR!	ZÁKAZ KOUŘENÍ	[za:kaz kourʒɛni:]

segurança (f)	bezpečnost (ž)	[bɛzpɛtʃnost]
ꝏerigo (m)	nebezpečí (s)	[nɛbɛzpɛtʃi:]
ꝏerigoso (adj)	nebezpečný	[nɛbɛzpɛtʃni:]

ncendiar-se (vr)	začít hořet	[zatʃi:t horʒɛt]
explosão (f)	výbuch (m)	[vi:bux]
ncendiar (vt)	zapálit	[zapa:lɪt]
ncendiário (m)	žhář (m)	[ʒha:rʃ]
ncêndio (m) criminoso	žhářství (s)	[ʒha:rʃstvi:]

flamejar (vi)	planout	[planout]
queimar (vi)	hořet	[horʒɛt]
queimar tudo (vi)	shořet	[sxorʒɛt]

bombeiro (m)	hasič (m)	[hasɪtʃ]
caminhão (m) de bombeiros	hasičské auto (m)	[hasɪtʃske: auto]
corpo (m) de bombeiros	hasičský sbor (m)	[hasɪtʃski: zbor]
escada (f) extensível	požární žebřík (m)	[poʒa:rni: ʒebrʒi:k]

mangueira (f)	hadice (ž)	[hadɪtsɛ]
extintor (m)	hasicí přístroj (m)	[hasɪtsi: prʃi:stroj]
capacete (m)	přilba (ž)	[prʃɪlba]
sirene (f)	houkačka (ž)	[houkatʃka]

gritar (vi)	křičet	[krʃɪtʃɛt]
chamar por socorro	volat o pomoc	[volat o pomots]
socorrista (m)	záchranář (m)	[za:xrana:rʃ]
salvar, resgatar (vt)	zachraňovat	[zaxranʲovat]

chegar (vi)	přijet	[prʃɪjɛt]
apagar (vt)	hasit	[hasɪt]
água (f)	voda (ž)	[voda]
areia (f)	písek (m)	[pi:sɛk]
ruínas (f pl)	zřícenina (ž)	[zrʒi:tsɛnɪna]
ruir (vi)	zřítit se	[zrʒi:tɪt sɛ]

| desmoronar (vi) | zhroutit se | [zhroutɪt sɛ] |
| desabar (vi) | zřítit se | [zrʒiːtɪt sɛ] |

| fragmento (m) | úlomek (m) | [uːlomɛk] |
| cinza (f) | popel (m) | [popɛl] |

| sufocar (vi) | udusit se | [udusɪt sɛ] |
| perecer (vi) | zahynout | [zahɪnout] |

ATIVIDADES HUMANAS

Emprego. Negócios. Parte 1

97. Banca

banco (m)	banka (ž)	[baŋka]
balcão (f)	pobočka (ž)	[pobotʃka]
consultor (m) bancário	konzultant (m)	[konzultant]
gerente (m)	správce (m)	[spra:vtsɛ]
conta (f)	účet (m)	[u:tʃɛt]
número (m) da conta	číslo (s) účtu	[tʃi:slo u:tʃtu]
conta (f) corrente	běžný účet (m)	[beʒni: u:tʃɛt]
conta (f) poupança	spořitelní účet (m)	[sporʒɪtɛlni: u:tʃɛt]
abrir uma conta	založit účet	[zaloʒɪt u:tʃɛt]
fechar uma conta	uzavřít účet	[uzavrʒi:t u:tʃɛt]
depositar na conta	uložit na účet	[uloʒɪt na u:tʃɛt]
sacar (vt)	vybrat z účtu	[vɪbrat s u:tʃtu]
depósito (m)	vklad (m)	[fklat]
fazer um depósito	uložit vklad	[uloʒɪt fklat]
transferência (f) bancária	převod (m)	[prʃɛvot]
transferir (vt)	převést	[prʃɛvɛ:st]
soma (f)	částka (ž)	[tʃa:stka]
Quanto?	Kolik?	[kolɪk]
assinatura (f)	podpis (m)	[potpɪs]
assinar (vt)	podepsat	[podɛpsat]
cartão (m) de crédito	kreditní karta (ž)	[krɛdɪtni: karta]
senha (f)	kód (m)	[ko:t]
número (m) do cartão de crédito	číslo (s) kreditní karty	[tʃi:slo krɛdɪtni: kartɪ]
caixa (m) eletrônico	bankomat (m)	[baŋkomat]
cheque (m)	šek (m)	[ʃɛk]
passar um cheque	vystavit šek	[vɪstavɪt ʃɛk]
talão (m) de cheques	šeková knížka (ž)	[ʃɛkova: kni:ʃka]
empréstimo (m)	úvěr (m)	[u:ver]
pedir um empréstimo	žádat o úvěr	[ʒa:dat o u:ver]
obter empréstimo	brát na úvěr	[bra:t na u:ver]
dar um empréstimo	poskytovat úvěr	[poskɪtovat u:ver]
garantia (f)	kauce (ž)	[kautsɛ]

98. Telefone. Conversação telefônica

telefone (m)	telefon (m)	[tɛlɛfon]
celular (m)	mobilní telefon (m)	[mobɪlni: tɛlɛfon]
secretária (f) eletrônica	záznamník (m)	[za:znamni:k]
fazer uma chamada	volat	[volat]
chamada (f)	hovor (m), volání (s)	[hovor], [vola:ni:]
discar um número	vytočit číslo	[vɪtotʃɪt tʃi:slo]
Alô!	Prosím!	[prosi:m]
perguntar (vt)	zeptat se	[zɛptat sɛ]
responder (vt)	odpovědět	[otpovedet]
ouvir (vt)	slyšet	[slɪʃɛt]
bem	dobře	[dobrʒɛ]
mal	špatně	[ʃpatnɛ]
ruído (m)	poruchy (ž mn)	[poruxɪ]
fone (m)	sluchátko (s)	[sluxa:tko]
pegar o telefone	vzít sluchátko	[vzi:t sluxa:tko]
desligar (vi)	zavěsit sluchátko	[zavesɪt sluxa:tko]
ocupado (adj)	obsazeno	[opsazɛno]
tocar (vi)	zvonit	[zvonɪt]
lista (f) telefônica	telefonní seznam (m)	[tɛlɛfonni: sɛznam]
local (adj)	místní	[mi:stni:]
de longa distância	dálkový	[da:lkovi:]
internacional (adj)	mezinárodní	[mɛzɪna:rodni:]

99. Telefone móvel

celular (m)	mobilní telefon (m)	[mobɪlni: tɛlɛfon]
tela (f)	displej (m)	[dɪsplɛj]
botão (m)	tlačítko (s)	[tlatʃi:tko]
cartão SIM (m)	SIM karta (ž)	[sɪm karta]
bateria (f)	baterie (ž)	[batɛrɪe]
descarregar-se (vr)	vybít se	[vɪbi:t sɛ]
carregador (m)	nabíječka (ž)	[nabi:jɛtʃka]
menu (m)	nabídka (ž)	[nabi:tka]
configurações (f pl)	nastavení (s)	[nastavɛni:]
melodia (f)	melodie (ž)	[mɛlodɪe]
escolher (vt)	vybrat	[vɪbrat]
calculadora (f)	kalkulačka (ž)	[kalkulatʃka]
correio (m) de voz	hlasová schránka (ž)	[hlasova: sxra:ŋka]
despertador (m)	budík (m)	[budi:k]
contatos (m pl)	telefonní seznam (m)	[tɛlɛfonni: sɛznam]
mensagem (f) de texto	SMS zpráva (ž)	[ɛsɛmɛs spra:va]
assinante (m)	účastník (m)	[u:tʃastni:k]

100. Estacionário

caneta (f)	pero (s)	[pɛro]
caneta (f) tinteiro	plnicí pero (s)	[plnɪtsi: pɛro]
lápis (m)	tužka (ž)	[tuʃka]
marcador (m) de texto	značkovač (m)	[znatʃkovatʃ]
caneta (f) hidrográfica	fix (m)	[fɪks]
bloco (m) de notas	notes (m)	[notɛs]
agenda (f)	diář (m)	[dɪa:rʃ]
régua (f)	pravítko (s)	[pravi:tko]
calculadora (f)	kalkulačka (ž)	[kalkulatʃka]
borracha (f)	guma (ž)	[guma]
alfinete (m)	napínáček (m)	[napi:na:tʃɛk]
clipe (m)	svorka (ž)	[svorka]
cola (f)	lepidlo (s)	[lɛpɪdlo]
grampeador (m)	sešívačka (ž)	[sɛʃi:vatʃka]
furador (m) de papel	dírkovačka (ž)	[di:rkovatʃka]
apontador (m)	ořezávátko (s)	[orʒɛza:va:tko]

Emprego. Negócios. Parte 2

101. Media

jornal (m)	noviny (ž mn)	[novɪnɪ]
revista (f)	časopis (m)	[ʧasopɪs]
imprensa (f)	tisk (m)	[tɪsk]
rádio (m)	rozhlas (m)	[rozhlas]
estação (f) de rádio	rozhlasová stanice (ž)	[rozhlasova: stanɪʦɛ]
televisão (f)	televize (ž)	[tɛlɛvɪzɛ]
apresentador (m)	moderátor (m)	[modɛra:tor]
locutor (m)	hlasatel (m)	[hlasatɛl]
comentarista (m)	komentátor (m)	[komɛnta:tor]
jornalista (m)	novinář (m)	[novɪna:rʃ]
correspondente (m)	zpravodaj (m)	[spravodaj]
repórter (m) fotográfico	fotožurnalista (m)	[fotoʒurnalɪsta]
repórter (m)	reportér (m)	[rɛportɛ:r]
redator (m)	redaktor (m)	[rɛdaktor]
redator-chefe (m)	šéfredaktor (m)	[ʃɛ:frɛdaktor]
assinar a ...	předplatit si	[prʃɛtplatɪt sɪ]
assinatura (f)	předplacení (s)	[prʃɛtplaʦɛni:]
assinante (m)	předplatitel (m)	[prʃɛtplatɪtɛl]
ler (vt)	číst	[ʧi:st]
leitor (m)	čtenář (m)	[ʧtɛna:rʃ]
tiragem (f)	náklad (m)	[na:klat]
mensal (adj)	měsíční	[mnesi:ʧni:]
semanal (adj)	týdenní	[ti:dɛnni:]
número (jornal, revista)	číslo (s)	[ʧi:slo]
recente, novo (adj)	čerstvý	[ʧɛrstvi:]
manchete (f)	titulek (m)	[tɪtulɛk]
pequeno artigo (m)	noticka (ž)	[notɪʦka]
coluna (~ semanal)	rubrika (ž)	[rubrɪka]
artigo (m)	článek (m)	[ʧla:nɛk]
página (f)	stránka (ž)	[stra:ŋka]
reportagem (f)	reportáž (ž)	[rɛporta:ʃ]
evento (festa, etc.)	událost (ž)	[uda:lost]
sensação (f)	senzace (ž)	[sɛnzaʦɛ]
escândalo (m)	skandál (m)	[skanda:l]
escandaloso (adj)	skandální	[skanda:lni:]
grande (adj)	halasný	[halasni:]
programa (m)	pořad (m)	[porʒat]
entrevista (f)	rozhovor (m)	[rozhovor]

| transmissão (f) ao vivo | přímý přenos (m) | [prʃiːmi: prʃɛnos] |
| canal (m) | kanál (m) | [kanaːl] |

102. Agricultura

agricultura (f)	zemědělství (s)	[zɛmnedelstvi:]
camponês (m)	rolník (m)	[rolni:k]
camponesa (f)	rolnice (ž)	[rolnɪtsɛ]
agricultor, fazendeiro (m)	farmář (m)	[farma:rʃ]

| trator (m) | traktor (m) | [traktor] |
| colheitadeira (f) | kombajn (m) | [kombajn] |

arado (m)	pluh (m)	[plux]
arar (vt)	orat	[orat]
campo (m) lavrado	ornice (ž)	[ornɪtsɛ]
sulco (m)	brázda (ž)	[braːzda]

semear (vt)	sít	[siːt]
plantadeira (f)	sečka (ž)	[sɛtʃka]
semeadura (f)	setí (s)	[sɛtiː]

| foice (m) | kosa (ž) | [kosa] |
| cortar com foice | kosit | [kosɪt] |

| pá (f) | lopata (ž) | [lopata] |
| cavar (vt) | rýt | [riːt] |

enxada (f)	motyka (ž)	[motɪka]
capinar (vt)	plít	[pliːt]
erva (f) daninha	plevel (m)	[plɛvɛl]

regador (m)	konev (ž)	[konɛf]
regar (plantas)	zalévat	[zalɛːvat]
rega (f)	zalévání (s)	[zalɛːvaːniː]

| forquilha (f) | vidle (ž mn) | [vɪdlɛ] |
| ancinho (m) | hrábě (ž mn) | [hraːbe] |

fertilizante (m)	hnojivo (s)	[hnojɪvo]
fertilizar (vt)	hnojit	[hnojɪt]
estrume, esterco (m)	hnůj (m)	[hnuːj]

campo (m)	pole (s)	[polɛ]
prado (m)	louka (ž)	[louka]
horta (f)	zelinářská zahrada (ž)	[zɛlɪnaːrʃska: zahrada]
pomar (m)	zahrada (ž)	[zahrada]

pastar (vt)	pást	[paːst]
pastor (m)	pasák (m)	[pasaːk]
pastagem (f)	pastvina (ž)	[pastvɪna]

| pecuária (f) | živočišná výroba (ž) | [ʒɪvotʃɪʃna: viːroba] |
| criação (f) de ovelhas | chov (m) ovcí | [xov ovtsi:] |

plantação (f)	plantáž (ž)	[planta:ʃ]
canteiro (m)	záhonek (m)	[za:honɛk]
estufa (f)	skleník (m)	[sklɛni:k]
seca (f)	sucho (s)	[suxo]
seco (verão ~)	suchý	[suxi:]
cereais (m pl)	obilniny (ž mn)	[obɪlnɪnɪ]
colher (vt)	sklízet	[skli:zɛt]
moleiro (m)	mlynář (m)	[mlɪna:rʃ]
moinho (m)	mlýn (m)	[mli:n]
moer (vt)	mlít obilí	[mli:t obɪli:]
farinha (f)	mouka (ž)	[mouka]
palha (f)	sláma (ž)	[sla:ma]

103. Construção. Processo de construção

canteiro (m) de obras	staveniště (s)	[stavɛnɪʃte]
construir (vt)	stavět	[stavet]
construtor (m)	stavitel (m)	[stavɪtɛl]
projeto (m)	projekt (m)	[projɛkt]
arquiteto (m)	architekt (m)	[arxɪtɛkt]
operário (m)	dělník (m)	[delni:k]
fundação (f)	základ (m)	[za:klat]
telhado (m)	střecha (ž)	[strʃɛxa]
estaca (f)	pilota (ž)	[pɪlota]
parede (f)	zeď (ž)	[zɛtʲ]
colunas (f pl) de sustentação	armatura (ž)	[armatura]
andaime (m)	lešení (s)	[lɛʃɛni:]
concreto (m)	beton (m)	[bɛton]
granito (m)	žula (ž)	[ʒula]
pedra (f)	kámen (m)	[ka:mɛn]
tijolo (m)	cihla (ž)	[tsɪhla]
areia (f)	písek (m)	[pi:sɛk]
cimento (m)	cement (m)	[tsɛmɛnt]
emboço, reboco (m)	omítka (ž)	[omi:tka]
emboçar, rebocar (vt)	omítat	[omi:tat]
tinta (f)	barva (ž)	[barva]
pintar (vt)	natírat	[nati:rat]
barril (m)	sud (m)	[sut]
grua (f), guindaste (m)	jeřáb (m)	[jɛrʒa:p]
erguer (vt)	zvedat	[zvɛdat]
baixar (vt)	spouštět	[spouʃtet]
buldózer (m)	buldozer (m)	[buldozɛr]
escavadora (f)	rýpadlo (s)	[ri:padlo]

caçamba (f)	lžíce (ž)	[ʒiːtsɛ]
escavar (vt)	rýt	[riːt]
capacete (m) de proteção	přilba (ž)	[prʃɪlba]

Profissões e ocupações

104. Procura de emprego. Demissão

trabalho (m)	práce (ž)	[pra:tsɛ]
pessoal (m)	personál (m)	[pɛrsona:l]
carreira (f)	kariéra (ž)	[karɪe:ra]
perspectivas (f pl)	vyhlídky (ž mn)	[vɪhli:tkɪ]
habilidades (f pl)	dovednost (ž)	[dovɛdnost]
seleção (f)	výběr (m)	[vi:ber]
agência (f) de emprego	kádrová kancelář (ž)	[ka:drova: kantsɛla:rʃ]
currículo (m)	resumé (s)	[rɛzimɛ:]
entrevista (f) de emprego	pohovor (m)	[pohovor]
vaga (f)	neobsazené místo (s)	[nɛopsazɛnɛ: mi:sto]
salário (m)	plat (m), mzda (ž)	[plat], [mzda]
salário (m) fixo	stálý plat (m)	[sta:li: plat]
pagamento (m)	platba (ž)	[platba]
cargo (m)	funkce (ž)	[fuŋktsɛ]
dever (do empregado)	povinnost (ž)	[povɪnnost]
gama (f) de deveres	okruh (m)	[okrux]
ocupado (adj)	zaměstnaný	[zamnestnani:]
despedir, demitir (vt)	propustit	[propustɪt]
demissão (f)	propuštění (s)	[propuʃteni:]
desemprego (m)	nezaměstnanost (ž)	[nɛzamnestnanost]
desempregado (m)	nezaměstnaný (m)	[nɛzamnestnani:]
aposentadoria (f)	důchod (m)	[du:xot]
aposentar-se (vr)	odejít do důchodu	[odɛji:t do du:xodu]

105. Gente de negócios

diretor (m)	ředitel (m)	[rʒɛdɪtɛl]
gerente (m)	správce (m)	[spra:vtsɛ]
patrão, chefe (m)	šéf (m)	[ʃɛ:f]
superior (m)	vedoucí (m)	[vɛdoutsi:]
superiores (m pl)	vedení (s)	[vɛdɛni:]
presidente (m)	prezident (m)	[prɛzɪdɛnt]
chairman (m)	předseda (m)	[prʃɛtsɛda]
substituto (m)	náměstek (m)	[na:mnestɛk]
assistente (m)	pomocník (m)	[pomotsni:k]
secretário (m)	sekretář (m)	[sɛkrɛta:rʃ]

secretário (m) pessoal	osobní sekretář (m)	[osobni: sɛkrɛta:rʃ]
nomem (m) de negócios	byznysmen (m)	[bɪznɪsmen]
empreendedor (m)	podnikatel (m)	[podnɪkatɛl]
fundador (m)	zakladatel (m)	[zakladatɛl]
fundar (vt)	založit	[zaloʒɪt]
principiador (m)	zakladatel (m)	[zakladatɛl]
parceiro, sócio (m)	partner (m)	[partnɛr]
acionista (m)	akcionář (m)	[aktsɪona:rʃ]
milionário (m)	milionář (m)	[mɪlɪona:rʃ]
bilionário (m)	miliardář (m)	[mɪlɪarda:rʃ]
proprietário (m)	majitel (m)	[majɪtɛl]
proprietário (m) de terras	vlastník (m) půdy	[vlastni:k pu:dɪ]
cliente (m)	klient (m)	[klɪent]
cliente (m) habitual	stálý zákazník (m)	[sta:li: za:kazni:k]
comprador (m)	zákazník (m)	[za:kazni:k]
visitante (m)	návštěvník (m)	[na:vʃtevni:k]
profissional (m)	profesionál (m)	[profɛsɪona:l]
perito (m)	znalec (m)	[znalɛts]
especialista (m)	odborník (m)	[odborni:k]
banqueiro (m)	bankéř (m)	[baŋkɛ:rʃ]
corretor (m)	broker (m)	[brokɛr]
caixa (m, f)	pokladník (m)	[pokladni:k]
contador (m)	účetní (m, ž)	[u:ʧetni:]
guarda (m)	strážce (m)	[stra:ʒtsɛ]
investidor (m)	investor (m)	[ɪnvɛstor]
devedor (m)	dlužník (m)	[dluʒni:k]
credor (m)	věřitel (m)	[verʒɪtɛl]
mutuário (m)	vypůjčovatel (m)	[vɪpu:jʧovatɛl]
importador (m)	dovozce (m)	[dovoztsɛ]
exportador (m)	vývozce (m)	[vi:voztsɛ]
produtor (m)	výrobce (m)	[vi:robtsɛ]
distribuidor (m)	distributor (m)	[dɪstrɪbutor]
intermediário (m)	zprostředkovatel (m)	[sprostrʃetkovatɛl]
consultor (m)	konzultant (m)	[konzultant]
representante comercial	zástupce (m)	[za:stuptsɛ]
agente (m)	agent (m)	[agɛnt]
agente (m) de seguros	pojišťovací agent (m)	[pojɪʃťovatsi: agɛnt]

106. Profissões de serviços

cozinheiro (m)	kuchař (m)	[kuxarʃ]
chefe (m) de cozinha	šéfkuchař (m)	[ʃɛ:f kuxarʃ]
padeiro (m)	pekař (m)	[pɛkarʃ]
barman (m)	barman (m)	[barman]

| garçom (m) | číšník (m) | [ʧiːʃniːk] |
| garçonete (f) | číšnice (ž) | [ʧiːʃnɪtsɛ] |

advogado (m)	advokát (m)	[advokaːt]
jurista (m)	právník (m)	[praːvniːk]
notário (m)	notář (m)	[notaːrʃ]

eletricista (m)	elektromontér (m)	[ɛlɛktromontɛːr]
encanador (m)	instalatér (m)	[ɪnstalatɛːr]
carpinteiro (m)	tesař (m)	[tɛsarʃ]

massagista (m)	masér (m)	[masɛːr]
massagista (f)	masérka (ž)	[masɛːrka]
médico (m)	lékař (m)	[lɛːkarʃ]

taxista (m)	taxikář (m)	[taksɪkaːrʃ]
condutor (automobilista)	řidič (m)	[rʒɪdɪʧ]
entregador (m)	kurýr (m)	[kuriːr]

camareira (f)	pokojská (ž)	[pokojskaː]
guarda (m)	strážce (m)	[straːʒtsɛ]
aeromoça (f)	letuška (ž)	[lɛtuʃka]

professor (m)	učitel (m)	[uʧɪtɛl]
bibliotecário (m)	knihovník (m)	[knɪhovniːk]
tradutor (m)	překladatel (m)	[prʃɛkladatɛl]
intérprete (m)	tlumočník (m)	[tlumoʧniːk]
guia (m)	průvodce (m)	[pruːvodtsɛ]

cabeleireiro (m)	holič (m), kadeřník (m)	[holɪʧ], [kadɛrʒniːk]
carteiro (m)	listonoš (m)	[lɪstonoʃ]
vendedor (m)	prodavač (m)	[prodavaʧ]

jardineiro (m)	zahradník (m)	[zahradniːk]
criado (m)	sluha (m)	[sluha]
criada (f)	služka (ž)	[sluʃka]
empregada (f) de limpeza	uklízečka (ž)	[ukliːzɛʧka]

107. Profissões militares e postos

soldado (m) raso	vojín (m)	[vojiːn]
sargento (m)	seržant (m)	[sɛrʒant]
tenente (m)	poručík (m)	[poruʧiːk]
capitão (m)	kapitán (m)	[kapɪtaːn]

major (m)	major (m)	[major]
coronel (m)	plukovník (m)	[plukovniːk]
general (m)	generál (m)	[gɛnɛraːl]
marechal (m)	maršál (m)	[marʃaːl]
almirante (m)	admirál (m)	[admɪraːl]

militar (m)	voják (m)	[vojaːk]
soldado (m)	voják (m)	[vojaːk]
oficial (m)	důstojník (m)	[duːstojniːk]

comandante (m)	velitel (m)	[vɛlɪtɛl]
guarda (m) de fronteira	pohraničník (m)	[pohranɪtʃniːk]
operador (m) de rádio	radista (m)	[radɪsta]
explorador (m)	rozvědčík (m)	[rozvedtʃiːk]
sapador-mineiro (m)	ženista (m)	[ʒenɪsta]
atirador (m)	střelec (m)	[strʃɛlɛts]
navegador (m)	navigátor (m)	[navɪgaːtor]

108. Oficiais. Padres

rei (m)	král (m)	[kraːl]
rainha (f)	královna (ž)	[kraːlovna]
príncipe (m)	princ (m)	[prɪnts]
princesa (f)	princezna (ž)	[prɪntsɛzna]
czar (m)	car (m)	[tsar]
czarina (f)	carevna (ž)	[tsarɛvna]
presidente (m)	prezident (m)	[prɛzɪdɛnt]
ministro (m)	ministr (m)	[mɪnɪstr]
primeiro-ministro (m)	premiér (m)	[prɛmjeːr]
senador (m)	senátor (m)	[sɛnaːtor]
diplomata (m)	diplomat (m)	[dɪplomat]
cônsul (m)	konzul (m)	[konzul]
embaixador (m)	velvyslanec (m)	[vɛlvɪslanɛts]
conselheiro (m)	rada (m)	[rada]
funcionário (m)	úředník (m)	[uːrʒɛdniːk]
prefeito (m)	prefekt (m)	[prɛfɛkt]
Presidente (m) da Câmara	primátor (m)	[prɪmaːtor]
juiz (m)	soudce (m)	[soudtsɛ]
procurador (m)	prokurátor (m)	[prokuraːtor]
missionário (m)	misionář (m)	[mɪsɪonaːrʃ]
monge (m)	mnich (m)	[mnɪx]
abade (m)	opat (m)	[opat]
rabino (m)	rabín (m)	[rabiːn]
vizir (m)	vezír (m)	[vɛziːr]
xá (m)	šach (m)	[ʃax]
xeique (m)	šejk (m)	[ʃɛjk]

109. Profissões agrícolas

abelheiro (m)	včelař (m)	[vtʃɛlarʃ]
pastor (m)	pasák (m)	[pasaːk]
agrônomo (m)	agronom (m)	[agronom]
criador (m) de gado	chovatel (m)	[xovatɛl]
veterinário (m)	zvěrolékař (m)	[zverolɛːkarʃ]

agricultor, fazendeiro (m)	farmář (m)	[farma:rʃ]
vinicultor (m)	vinař (m)	[vɪnarʃ]
zoólogo (m)	zoolog (m)	[zoolog]
vaqueiro (m)	kovboj (m)	[kovboj]

110. Profissões artísticas

ator (m)	herec (m)	[hɛrɛts]
atriz (f)	herečka (ž)	[hɛrɛtʃka]
cantor (m)	zpěvák (m)	[speva:k]
cantora (f)	zpěvačka (ž)	[spevatʃka]
bailarino (m)	tanečník (m)	[tanɛtʃni:k]
bailarina (f)	tanečnice (ž)	[tanɛtʃnɪtsɛ]
artista (m)	herec (m)	[hɛrɛts]
artista (f)	herečka (ž)	[hɛrɛtʃka]
músico (m)	hudebník (m)	[hudɛbni:k]
pianista (m)	klavírista (m)	[klavi:rɪsta]
guitarrista (m)	kytarista (m)	[kɪtarɪsta]
maestro (m)	dirigent (m)	[dɪrɪgɛnt]
compositor (m)	skladatel (m)	[skladatɛl]
empresário (m)	impresário (m)	[ɪmprɛsa:rɪo]
diretor (m) de cinema	režisér (m)	[rɛʒɪsɛ:r]
produtor (m)	filmový producent (m)	[fɪlmovi: produtsɛnt]
roteirista (m)	scenárista (m)	[stsɛna:rɪsta]
crítico (m)	kritik (m)	[krɪtɪk]
escritor (m)	spisovatel (m)	[spɪsovatɛl]
poeta (m)	básník (m)	[ba:sni:k]
escultor (m)	sochař (m)	[soxarʃ]
pintor (m)	malíř (m)	[mali:rʃ]
malabarista (m)	žonglér (m)	[ʒonglɛ:r]
palhaço (m)	klaun (m)	[klaun]
acrobata (m)	akrobat (m)	[akrobat]
ilusionista (m)	kouzelník (m)	[kouzɛlni:k]

111. Várias profissões

médico (m)	lékař (m)	[lɛ:karʃ]
enfermeira (f)	zdravotní sestra (ž)	[zdravotni: sɛstra]
psiquiatra (m)	psychiatr (m)	[psɪxɪatr]
dentista (m)	stomatolog (m)	[stomatolog]
cirurgião (m)	chirurg (m)	[xɪrurg]
astronauta (m)	astronaut (m)	[astronaut]
astrônomo (m)	astronom (m)	[astronom]

motorista (m)	řidič (m)	[rʒɪdɪtʃ]
maquinista (m)	strojvůdce (m)	[strojvu:dtsɛ]
mecânico (m)	mechanik (m)	[mɛxanɪk]

mineiro (m)	horník (m)	[horni:k]
operário (m)	dělník (m)	[delni:k]
serralheiro (m)	zámečník (m)	[za:mɛtʃni:k]
marceneiro (m)	truhlář (m)	[truhla:rʃ]
torneiro (m)	soustružník (m)	[soustruʒni:k]
construtor (m)	stavitel (m)	[stavɪtɛl]
soldador (m)	svářeč (m)	[sva:rʒɛtʃ]

professor (m)	profesor (m)	[profɛsor]
arquiteto (m)	architekt (m)	[arxɪtɛkt]
historiador (m)	historik (m)	[hɪstorɪk]
cientista (m)	vědec (m)	[vedɛts]
físico (m)	fyzik (m)	[fɪzɪk]
químico (m)	chemik (m)	[xɛmɪk]

arqueólogo (m)	archeolog (m)	[arxɛolog]
geólogo (m)	geolog (m)	[gɛolog]
pesquisador (cientista)	výzkumník (m)	[vi:skumni:k]

babysitter, babá (f)	chůva (ž)	[xu:va]
professor (m)	pedagog (m)	[pɛdagog]

redator (m)	redaktor (m)	[rɛdaktor]
redator-chefe (m)	šéfredaktor (m)	[ʃɛ:frɛdaktor]
correspondente (m)	zpravodaj (m)	[spravodaj]
datilógrafa (f)	písařka (ž)	[pi:sarʃka]

designer (m)	návrhář (m)	[na:vrha:rʃ]
especialista (m) em informática	odborník (m) na počítače	[odborni:k na potʃi:tatʃɛ]
programador (m)	programátor (m)	[programa:tor]
engenheiro (m)	inženýr (m)	[ɪnʒeni:r]

marujo (m)	námořník (m)	[na:morʒni:k]
marinheiro (m)	námořník (m)	[na:morʒni:k]
socorrista (m)	záchranář (m)	[za:xrana:rʃ]

bombeiro (m)	hasič (m)	[hasɪtʃ]
polícia (m)	policista (m)	[polɪtsɪsta]
guarda-noturno (m)	hlídač (m)	[hli:datʃ]
detetive (m)	detektiv (m)	[dɛtɛktɪf]

funcionário (m) da alfândega	celník (m)	[tsɛlni:k]
guarda-costas (m)	osobní strážce (m)	[osobni: stra:ʒtsɛ]
guarda (m) prisional	dozorce (m)	[dozortsɛ]
inspetor (m)	inspektor (m)	[ɪnspɛktor]

esportista (m)	sportovec (m)	[sportovɛts]
treinador (m)	trenér (m)	[trɛnɛ:r]
açougueiro (m)	řezník (m)	[rʒɛzni:k]
sapateiro (m)	obuvník (m)	[obuvni:k]
comerciante (m)	obchodník (m)	[obxodni:k]

carregador (m)	nakládač (m)	[nakla:datʃ]
estilista (m)	modelář (m)	[modɛla:rʃ]
modelo (f)	modelka (ž)	[modɛlka]

112. Ocupações. Estatuto social

| estudante (~ de escola) | žák (m) | [ʒa:k] |
| estudante (~ universitária) | student (m) | [studɛnt] |

filósofo (m)	filozof (m)	[fɪlozof]
economista (m)	ekonom (m)	[ɛkonom]
inventor (m)	vynálezce (m)	[vɪna:lɛztsɛ]

desempregado (m)	nezaměstnaný (m)	[nɛzamnestnani:]
aposentado (m)	důchodce (m)	[du:xodtsɛ]
espião (m)	špión (m)	[ʃpɪo:n]

preso, prisioneiro (m)	vězeň (m)	[vezɛnʲ]
grevista (m)	stávkující (m)	[sta:fkuji:tsi:]
burocrata (m)	byrokrat (m)	[bɪrokrat]
viajante (m)	cestovatel (m)	[tsɛstovatɛl]

| homossexual (m) | homosexuál (m) | [homosɛksua:l] |
| hacker (m) | hacker (m) | [hɛkr] |

bandido (m)	bandita (m)	[bandɪta]
assassino (m)	najatý vrah (m)	[najati: vrax]
drogado (m)	narkoman (m)	[narkoman]
traficante (m)	drogový dealer (m)	[drogovi: di:lɛr]
prostituta (f)	prostitutka (ž)	[prostɪtutka]
cafetão (m)	kuplíř (m)	[kupli:rʃ]

bruxo (m)	čaroděj (m)	[tʃarodej]
bruxa (f)	čarodějka (ž)	[tʃarodejka]
pirata (m)	pirát (m)	[pɪra:t]
escravo (m)	otrok (m)	[otrok]
samurai (m)	samuraj (m)	[samuraj]
selvagem (m)	divoch (m)	[dɪvox]

Desportos

113. Tipos de desportos. Desportistas

esportista (m)	sportovec (m)	[sportovɛʦ]
tipo (m) de esporte	sportovní disciplína (ž)	[sportovni: dɪsʦɪpli:na]
basquete (m)	basketbal (m)	[baskɛtbal]
ogador (m) de basquete	basketbalista (m)	[baskɛtbalɪsta]
beisebol (m)	baseball (m)	[bɛjzbol]
ogador (m) de beisebol	hráč (m) baseballu	[hra:ʧ bɛjzbolu]
futebol (m)	fotbal (m)	[fotbal]
jogador (m) de futebol	fotbalista (m)	[fotbalɪsta]
goleiro (m)	brankář (m)	[braŋka:rʃ]
hóquei (m)	hokej (m)	[hokɛj]
jogador (m) de hóquei	hokejista (m)	[hokɛjɪsta]
vôlei (m)	volejbal (m)	[volɛjbal]
jogador (m) de vôlei	volejbalista (m)	[volɛjbalɪsta]
boxe (m)	box (m)	[boks]
boxeador (m)	boxer (m)	[boksɛr]
luta (f)	zápas (m)	[za:pas]
lutador (m)	zápasník (m)	[za:pasni:k]
caratê (m)	karate (s)	[karatɛ]
carateca (m)	karatista (m)	[karatɪsta]
judô (m)	džudo (s)	[dʒudo]
judoca (m)	džudista (m)	[dʒudɪsta]
tênis (m)	tenis (m)	[tɛnɪs]
tenista (m)	tenista (m)	[tɛnɪsta]
natação (f)	plavání (s)	[plava:ni:]
nadador (m)	plavec (m)	[plavɛʦ]
esgrima (f)	šerm (m)	[ʃɛrm]
esgrimista (m)	šermíř (m)	[ʃɛrmi:rʃ]
xadrez (m)	šachy (m mn)	[ʃaxɪ]
jogador (m) de xadrez	šachista (m)	[ʃaxɪsta]
alpinismo (m)	horolezectví (s)	[horolɛʦɛʦtvi:]
alpinista (m)	horolezec (m)	[horolɛʦɛʦ]
corrida (f)	běh (m)	[bex]

corredor (m)	**běžec** (m)	[beʒeʦ]
atletismo (m)	**lehká atletika** (ž)	[lɛhka: atlɛtɪka]
atleta (m)	**atlet** (m)	[atlɛt]
hipismo (m)	**jízda** (ž) **na koni**	[ji:zda na konɪ]
cavaleiro (m)	**jezdec** (m)	[jɛzdɛʦ]
patinação (f) artística	**krasobruslení** (s)	[krasobruslɛni:]
patinador (m)	**krasobruslař** (m)	[krasobruslarʃ]
patinadora (f)	**krasobruslařka** (ž)	[krasobruslarʃka]
halterofilismo (m)	**těžká atletika** (ž)	[teʃka: atlɛtɪka]
halterofilista (m)	**vzpěrač** (m)	[vsperaʧ]
corrida (f) de carros	**automobilové závody** (m mn)	[automobɪlovɛ: za:vodɪ]
piloto (m)	**závodník** (m)	[za:vodni:k]
ciclismo (m)	**cyklistika** (ž)	[ʦɪklɪstɪka]
ciclista (m)	**cyklista** (m)	[ʦɪklɪsta]
salto (m) em distância	**daleké skoky** (m mn)	[dalekɛ: skokɪ]
salto (m) com vara	**skoky** (m mn) **o tyči**	[skokɪ o tɪʧɪ]
atleta (m) de saltos	**skokan** (m)	[skokan]

114. Tipos de desportos. Diversos

futebol (m) americano	**americký fotbal** (m)	[amerɪʦki: fotbal]
badminton (m)	**badminton** (m)	[badmɪnton]
biatlo (m)	**biatlon** (m)	[bɪatlon]
bilhar (m)	**kulečník** (m)	[kulɛʧni:k]
bobsled (m)	**bobový sport** (m)	[bobovi: sport]
musculação (f)	**kulturistika** (ž)	[kulturɪstɪka]
polo (m) aquático	**vodní pólo** (s)	[vodni: po:lo]
handebol (m)	**házená** (ž)	[ha:zɛna:]
golfe (m)	**golf** (m)	[golf]
remo (m)	**veslování** (s)	[vɛslova:ni:]
mergulho (m)	**potápění** (s)	[pota:peni:]
corrida (f) de esqui	**lyžařské závody** (m mn)	[lɪʒarʃkɛ: za:vodɪ]
tênis (m) de mesa	**stolní tenis** (m)	[stolni: tɛnɪs]
vela (f)	**plachtění** (s)	[plaxteni:]
rali (m)	**rallye** (s)	[rali:]
rúgbi (m)	**ragby** (s)	[ragbɪ]
snowboard (m)	**snowboarding** (m)	[snoubordɪŋk]
arco-e-flecha (m)	**lukostřelba** (ž)	[lukostrʃɛlba]

115. Ginásio

barra (f)	**vzpěračská činka** (ž)	[vsperaʧska: ʧɪŋka]
halteres (m pl)	**činky** (ž mn)	[ʧɪŋkɪ]

aparelho (m) de musculação	trenažér (m)	[trɛnaʒeːr]
bicicleta (f) ergométrica	kolový trenažér (m)	[kolovi: trɛnaʒeːr]
esteira (f) de corrida	běžecký pás (m)	[bɛʒetski: paːs]
barra (f) fixa	hrazda (ž)	[hrazda]
barras (f pl) paralelas	bradla (s mn)	[bradla]
cavalo (m)	kůň (m)	[kuːnʲ]
tapete (m) de ginástica	žíněnka (ž)	[ʒiːneŋka]
aeróbica (f)	aerobik (m)	[aɛrobɪk]
ioga, yoga (f)	jóga (ž)	[joːga]

116. Desportos. Diversos

Jogos (m pl) Olímpicos	Olympijské hry (ž mn)	[olɪmpɪjskɛ: hrɪ]
vencedor (m)	vítěz (m)	[viːtez]
vencer (vi)	vítězit	[viːtezɪt]
vencer (vi, vt)	vyhrát	[vɪhraːt]
líder (m)	vůdce (m)	[vuːdtsɛ]
liderar (vt)	vést	[vɛːst]
primeiro lugar (m)	první místo (s)	[prvni: miːsto]
segundo lugar (m)	druhé místo (s)	[druhɛ: miːsto]
terceiro lugar (m)	třetí místo (s)	[trʃeti: miːsto]
medalha (f)	medaile (ž)	[mɛdajlɛ]
troféu (m)	trofej (ž)	[trofɛj]
taça (f)	pohár (m)	[pohaːr]
prêmio (m)	cena (ž)	[tsɛna]
prêmio (m) principal	hlavní cena (ž)	[hlavni: tsɛna]
recorde (m)	rekord (m)	[rɛkort]
estabelecer um recorde	vytvořit rekord	[vɪtvorʒɪt rɛkort]
final (m)	finále (s)	[fɪnaːlɛ]
final (adj)	finální	[fɪnaːlni:]
campeão (m)	mistr (m)	[mɪstr]
campeonato (m)	mistrovství (s)	[mɪstrovstvi:]
estádio (m)	stadión (m)	[stadɪoːn]
arquibancadas (f pl)	tribuna (ž)	[trɪbuna]
fã, torcedor (m)	fanoušek (m)	[fanouʃek]
adversário (m)	soupeř (m)	[soupɛrʃ]
partida (f)	start (m)	[start]
linha (f) de chegada	cíl (m)	[tsiːl]
derrota (f)	prohra (ž)	[prohra]
perder (vt)	prohrát	[prohraːt]
árbitro, juiz (m)	rozhodčí (m)	[rozhodtʃi:]
júri (m)	porota, jury (ž)	[porota], [ʒiri]

resultado (m)	skóre (s)	[sko:rɛ]
empate (m)	remíza (ž)	[rɛmi:za]
empatar (vi)	remizovat	[rɛmɪzovat]
ponto (m)	bod (m)	[bot]
resultado (m) final	výsledek (m)	[vi:slɛdɛk]
intervalo (m)	poločas (m)	[polotʃas]
doping (m)	doping (m)	[dopɪŋk]
penalizar (vt)	trestat	[trɛstat]
desqualificar (vt)	diskvalifikovat	[dɪskvalɪfɪkovat]
aparelho, aparato (m)	nářadí (s)	[na:rʒadi:]
dardo (m)	oštěp (m)	[oʃtep]
peso (m)	koule (ž)	[koulɛ]
bola (f)	koule (ž)	[koulɛ]
alvo, objetivo (m)	cíl (m)	[tsi:l]
alvo (~ de papel)	terč (m)	[tɛrtʃ]
disparar, atirar (vi)	střílet	[strʃi:lɛt]
preciso (tiro ~)	přesný	[prʃɛsni:]
treinador (m)	trenér (m)	[trɛnɛ:r]
treinar (vt)	trénovat	[trɛ:novat]
treinar-se (vr)	trénovat	[trɛ:novat]
treino (m)	trénink (m)	[trɛ:nɪŋk]
academia (f) de ginástica	tělocvična (ž)	[telotsvɪtʃna]
exercício (m)	cvičení (s)	[tsvɪtʃɛni:]
aquecimento (m)	rozcvička (ž)	[roztsvɪtʃka]

Educação

117. Escola

escola (f)	škola (ž)	[ʃkola]
diretor (m) de escola	ředitel (m) školy	[rʒɛdɪtɛl ʃkolɪ]
aluno (m)	žák (m)	[ʒaːk]
aluna (f)	žákyně (ž)	[ʒaːkɪne]
estudante (m)	žák (m)	[ʒaːk]
estudante (f)	žákyně (ž)	[ʒaːkɪne]
ensinar (vt)	učit	[utʃɪt]
aprender (vt)	učit se	[utʃɪt sɛ]
decorar (vt)	učit se nazpaměť	[utʃɪt sɛ naspamnetʲ]
estudar (vi)	učit se	[utʃɪt sɛ]
estar na escola	chodí za školu	[xodi: za ʃkolu]
ir à escola	jít do školy	[jiːt do ʃkolɪ]
alfabeto (m)	abeceda (ž)	[abɛtsɛda]
disciplina (f)	předmět (m)	[prʃɛdmnet]
sala (f) de aula	třída (ž)	[trʃiːda]
lição, aula (f)	hodina (ž)	[hodɪna]
recreio (m)	přestávka (ž)	[prʃɛstaːfka]
toque (m)	zvonění (s)	[zvoneni:]
classe (f)	školní lavice (ž)	[ʃkolni: lavɪtsɛ]
quadro (m) negro	tabule (ž)	[tabulɛ]
nota (f)	známka (ž)	[znaːmka]
boa nota (f)	dobrá známka (ž)	[dobra: znaːmka]
nota (f) baixa	špatná známka (ž)	[ʃpatna: znaːmka]
dar uma nota	dávat známku	[daːvat znaːmku]
erro (m)	chyba (ž)	[xɪba]
errar (vi)	dělat chyby	[delat xɪbɪ]
corrigir (~ um erro)	opravovat	[opravovat]
cola (f)	tahák (m)	[tahaːk]
dever (m) de casa	domácí úloha (ž)	[domaːtsi uːloha]
exercício (m)	cvičení (s)	[tsvɪtʃɛni:]
estar presente	být přítomen	[biːt prʃiːtomɛn]
estar ausente	chybět	[xɪbet]
punir (vt)	trestat	[trɛstat]
punição (f)	trest (m)	[trɛst]
comportamento (m)	chování (s)	[xovaːni:]

boletim (m) escolar	žákovská knížka (ž)	[ʒa:kovska: kni:ʃka]
lápis (m)	tužka (ž)	[tuʃka]
borracha (f)	guma (ž)	[guma]
giz (m)	křída (ž)	[krʃi:da]
porta-lápis (m)	penál (m)	[pɛna:l]
mala, pasta, mochila (f)	brašna (ž)	[braʃna]
caneta (f)	pero (s)	[pɛro]
caderno (m)	sešit (m)	[sɛʃɪt]
livro (m) didático	učebnice (ž)	[utʃɛbnɪtsɛ]
compasso (m)	kružidlo (s)	[kruʒɪdlo]
traçar (vt)	rýsovat	[ri:sovat]
desenho (m) técnico	výkres (m)	[vi:krɛs]
poesia (f)	báseň (ž)	[ba:sɛnʲ]
de cor	nazpaměť	[naspamnetʲ]
decorar (vt)	učit se nazpaměť	[utʃɪt sɛ naspamnetʲ]
férias (f pl)	prázdniny (ž mn)	[pra:zdnɪnɪ]
estar de férias	mít prázdniny	[mi:t pra:zdnɪnɪ]
teste (m), prova (f)	písemka (ž)	[pi:sɛmka]
redação (f)	sloh (m)	[slox]
ditado (m)	diktát (m)	[dɪkta:t]
exame (m), prova (f)	zkouška (ž)	[skouʃka]
fazer prova	dělat zkoušky	[delat skouʃkɪ]
experiência (~ química)	pokus (m)	[pokus]

118. Colégio. Universidade

academia (f)	akademie (ž)	[akadɛmɪe]
universidade (f)	univerzita (ž)	[unɪvɛrzɪta]
faculdade (f)	fakulta (ž)	[fakulta]
estudante (m)	student (m)	[studɛnt]
estudante (f)	studentka (ž)	[studɛntka]
professor (m)	vyučující (m)	[vɪutʃuji:tsi:]
auditório (m)	posluchárna (ž)	[posluxa:rna]
graduado (m)	absolvent (m)	[apsolvɛnt]
diploma (m)	diplom (m)	[dɪplom]
tese (f)	disertace (ž)	[dɪsɛrtatsɛ]
estudo (obra)	bádání (s)	[ba:da:ni:]
laboratório (m)	laboratoř (ž)	[laboratorʃ]
palestra (f)	přednáška (ž)	[prʃɛdna:ʃka]
colega (m) de curso	spolužák (m)	[spoluʒa:k]
bolsa (f) de estudos	stipendium (s)	[stɪpɛndɪum]
grau (m) acadêmico	akademická hodnost (ž)	[akadɛmɪtska: hodnost]

119. Ciências. Disciplinas

matemática (f)	matematika (ž)	[matɛmatɪka]
álgebra (f)	algebra (ž)	[algɛbra]
geometria (f)	geometrie (ž)	[gɛomɛtrɪe]
astronomia (f)	astronomie (ž)	[astronomɪe]
biologia (f)	biologie (ž)	[bɪologɪe]
geografia (f)	zeměpis (m)	[zɛmnepɪs]
geologia (f)	geologie (ž)	[gɛologɪe]
história (f)	historie (ž)	[hɪstorɪe]
medicina (f)	lékařství (s)	[lɛ:karʃstvi:]
pedagogia (f)	pedagogika (ž)	[pɛdagogɪka]
direito (m)	právo (s)	[pra:vo]
física (f)	fyzika (ž)	[fɪzɪka]
química (f)	chemie (ž)	[xɛmɪe]
filosofia (f)	filozofie (ž)	[fɪlozofɪe]
psicologia (f)	psychologie (ž)	[psɪxologɪe]

120. Sistema de escrita. Ortografia

gramática (f)	mluvnice (ž)	[mluvnɪtsɛ]
vocabulário (m)	slovní zásoba (ž)	[slovni: za:soba]
fonética (f)	hláskosloví (s)	[hla:skoslovi:]
substantivo (m)	podstatné jméno (s)	[potsta:tnɛ: jmɛ:no]
adjetivo (m)	přídavné jméno (s)	[prʃi:davnɛ: jmɛ:no]
verbo (m)	sloveso (s)	[slovɛso]
advérbio (m)	příslovce (s)	[prʃi:slovtsɛ]
pronome (m)	zájmeno (s)	[za:jmɛno]
interjeição (f)	citoslovce (s)	[tsɪtoslovtsɛ]
preposição (f)	předložka (ž)	[prʃɛdloʃka]
raiz (f)	slovní základ (m)	[slovni: za:klat]
terminação (f)	koncovka (ž)	[kontsofka]
prefixo (m)	předpona (ž)	[prʃɛtpona]
sílaba (f)	slabika (ž)	[slabɪka]
sufixo (m)	přípona (ž)	[prʃi:pona]
acento (m)	přízvuk (m)	[prʃi:zvuk]
apóstrofo (f)	odsuvník (m)	[otsuvni:k]
ponto (m)	tečka (ž)	[tɛtʃka]
vírgula (f)	čárka (ž)	[tʃa:rka]
ponto e vírgula (m)	středník (m)	[strʃɛdni:k]
dois pontos (m pl)	dvojtečka (ž)	[dvojtɛtʃka]
reticências (f pl)	tři tečky (ž mn)	[trʃɪ tɛtʃkɪ]
ponto (m) de interrogação	otazník (m)	[otazni:k]
ponto (m) de exclamação	vykřičník (m)	[vɪkrʃɪtʃni:k]

aspas (f pl)	uvozovky (ž mn)	[uvozofkɪ]
entre aspas	v uvozovkách	[f uvozofka:x]
parênteses (m pl)	závorky (ž mn)	[za:vorkɪ]
entre parênteses	v závorkách	[v za:vorkax]

hífen (m)	spojovník (m)	[spojovni:k]
travessão (m)	pomlčka (ž)	[pomltʃka]
espaço (m)	mezera (ž)	[mɛzɛra]

| letra (f) | písmeno (s) | [pi:smɛno] |
| letra (f) maiúscula | velké písmeno (s) | [vɛlkɛ: pi:smɛno] |

| vogal (f) | samohláska (ž) | [samohla:ska] |
| consoante (f) | souhláska (ž) | [souhla:ska] |

frase (f)	věta (ž)	[veta]
sujeito (m)	podmět (m)	[podmnet]
predicado (m)	přísudek (m)	[prʃi:sudɛk]

linha (f)	řádek (m)	[rʒa:dɛk]
em uma nova linha	z nového řádku	[z novɛ:ho rʒa:tku]
parágrafo (m)	odstavec (m)	[otstavɛts]

palavra (f)	slovo (s)	[slovo]
grupo (m) de palavras	slovní spojení (s)	[slovni: spojɛni:]
expressão (f)	výraz (m)	[vi:raz]
sinônimo (m)	synonymum (s)	[sɪnonɪmum]
antônimo (m)	antonymum (s)	[antonɪmum]

regra (f)	pravidlo (s)	[pravɪdlo]
exceção (f)	výjimka (ž)	[vi:jɪmka]
correto (adj)	správný	[spra:vni:]

conjugação (f)	časování (s)	[tʃasova:ni:]
declinação (f)	skloňování (s)	[sklonʲova:ni:]
caso (m)	pád (m)	[pa:t]
pergunta (f)	otázka (ž)	[ota:ska]
sublinhar (vt)	podtrhnout	[podtrhnout]
linha (f) pontilhada	tečkování (s)	[tɛtʃkova:ni:]

121. Línguas estrangeiras

língua (f)	jazyk (m)	[jazɪk]
língua (f) estrangeira	cizí jazyk (m)	[tsɪzi: jazɪk]
estudar (vt)	studovat	[studovat]
aprender (vt)	učit se	[utʃɪt sɛ]

ler (vt)	číst	[tʃi:st]
falar (vi)	mluvit	[mluvɪt]
entender (vt)	rozumět	[rozumnet]
escrever (vt)	psát	[psa:t]

| rapidamente | rychle | [rɪxlɛ] |
| devagar, lentamente | pomalu | [pomalu] |

fluentemente	plynně	[plɪnne]
regras (f pl)	pravidla (s mn)	[pravɪdla]
gramática (f)	mluvnice (ž)	[mluvnɪtsɛ]
vocabulário (m)	slovní zásoba (ž)	[slovni: za:soba]
fonética (f)	hláskosloví (s)	[hla:skoslovi:]

livro (m) didático	učebnice (ž)	[utʃɛbnɪtsɛ]
dicionário (m)	slovník (m)	[slovni:k]
manual (m) autodidático	učebnice (ž) pro samouky	[utʃɛbnɪtsɛ pro samoukɪ]
guia (m) de conversação	konverzace (ž)	[konvɛrzatsɛ]

fita (f) cassete	kazeta (ž)	[kazɛta]
videoteipe (m)	videokazeta (ž)	[vɪdɛokazɛta]
CD (m)	CD disk (m)	[tsɛ:dɛ: dɪsk]
DVD (m)	DVD (s)	[dɛvɛdɛ]

alfabeto (m)	abeceda (ž)	[abɛtsɛda]
soletrar (vt)	hláskovat	[hla:skovat]
pronúncia (f)	výslovnost (ž)	[vi:slovnost]

sotaque (m)	cizí přízvuk (m)	[tsɪzi: prʃi:zvuk]
com sotaque	s cizím přízvukem	[s tsɪzi:m prʃi:zvukɛm]
sem sotaque	bez cizího přízvuku	[bɛz tsɪzi:ho prʃi:zvuku]

| palavra (f) | slovo (s) | [slovo] |
| sentido (m) | smysl (m) | [smɪsl] |

curso (m)	kurzy (m mn)	[kurzɪ]
inscrever-se (vr)	zapsat se	[zapsat sɛ]
professor (m)	vyučující (m)	[vɪutʃuji:tsi:]

tradução (processo)	překlad (m)	[prʃɛklat]
tradução (texto)	překlad (m)	[prʃɛklat]
tradutor (m)	překladatel (m)	[prʃɛkladatɛl]
intérprete (m)	tlumočník (m)	[tlumotʃni:k]

| poliglota (m) | polyglot (m) | [polɪglot] |
| memória (f) | paměť (ž) | [pamnetʲ] |

122. Personagens de contos de fadas

| Papai Noel (m) | svatý Mikuláš (m) | [svati: mɪkula:ʃ] |
| sereia (f) | rusalka (ž) | [rusalka] |

bruxo, feiticeiro (m)	čaroděj (m)	[tʃarodej]
fada (f)	čarodějka (ž)	[tʃarodejka]
mágico (adj)	čarodějný	[tʃarodejni:]
varinha (f) mágica	čarovný proutek (m)	[tʃarovni: proutɛk]

conto (m) de fadas	pohádka (ž)	[poha:tka]
milagre (m)	zázrak (m)	[za:zrak]
anão (m)	gnóm (m)	[gno:m]
transformar-se em ...	proměnit se	[promnenɪt sɛ]
fantasma (m)	přízrak (m)	[prʃi:zrak]

fantasma (m)	**přízrak** (m)	[prʃiːzrak]
monstro (m)	**příšera** (ž)	[prʃiːʃɛra]
dragão (m)	**drak** (m)	[drak]
gigante (m)	**obr** (m)	[obr]

123. Signos do Zodíaco

Áries (f)	**Skopec** (m)	[skopɛts]
Touro (m)	**Býk** (m)	[biːk]
Gêmeos (m pl)	**Blíženci** (m mn)	[bliːʒentsɪ]
Câncer (m)	**Rak** (m)	[rak]
Leão (m)	**Lev** (m)	[lɛf]
Virgem (f)	**Panna** (ž)	[panna]

Libra (f)	**Váhy** (ž mn)	[vaːhɪ]
Escorpião (m)	**Štír** (m)	[ʃtiːr]
Sagitário (m)	**Střelec** (m)	[strʃɛlɛts]
Capricórnio (m)	**Kozorožec** (m)	[kozoroʒets]
Aquário (m)	**Vodnář** (m)	[vodnaːrʃ]
Peixes (pl)	**Ryby** (ž mn)	[rɪbɪ]

caráter (m)	**povaha** (ž)	[povaha]
traços (m pl) do caráter	**povahové vlastnosti** (ž mn)	[povahovɛː vlastnostɪ]
comportamento (m)	**chování** (s)	[xovaːniː]
prever a sorte	**hádat**	[haːdat]
adivinha (f)	**věštkyně** (ž)	[vɛʃtkɪne]
horóscopo (m)	**horoskop** (m)	[horoskop]

Artes

124. Teatro

teatro (m)	divadlo (s)	[dɪvadlo]
ópera (f)	opera (ž)	[opɛra]
opereta (f)	opereta (ž)	[opɛrɛta]
balé (m)	balet (m)	[balɛt]
cartaz (m)	plakát (m)	[plaka:t]
companhia (f) de teatro	soubor (m)	[soubor]
turnê (f)	pohostinská vystoupení (s mn)	[pohostɪnska: vɪstoupɛni:]
estar em turnê	hostovat	[hostovat]
ensaiar (vt)	zkoušet	[skouʃɛt]
ensaio (m)	zkouška (ž)	[skouʃka]
repertório (m)	repertoár (m)	[rɛpɛrtoa:r]
apresentação (f)	představení (s)	[prʃɛtstavɛni:]
espetáculo (m)	hra (ž)	[hra]
peça (f)	hra (ž)	[hra]
entrada (m)	vstupenka (ž)	[vstupɛŋka]
bilheteira (f)	pokladna (ž)	[pokladna]
hall (m)	vestibul (m)	[vɛstɪbul]
vestiário (m)	šatna (ž)	[ʃatna]
senha (f) numerada	lístek (m) s číslem	[li:stɛk s tʃi:slem]
binóculo (m)	kukátko (s)	[kuka:tko]
lanterninha (m)	uvaděčka (ž)	[uvadetʃka]
plateia (f)	přízemí (s)	[prʃizɛmi:]
balcão (m)	balkón (m)	[balko:n]
primeiro balcão (m)	první balkón (m)	[prvni: balko:n]
camarote (m)	lóže (ž)	[lo:ʒe]
fila (f)	řada (ž)	[rʒada]
assento (m)	místo (s)	[mi:sto]
público (m)	obecenstvo (s)	[obɛtsɛnstvo]
espectador (m)	divák (m)	[dɪva:k]
aplaudir (vt)	tleskat	[tlɛskat]
aplauso (m)	potlesk (m)	[potlɛsk]
ovação (f)	ovace (ž)	[ovatsɛ]
palco (m)	jeviště (s)	[jɛvɪʃte]
cortina (f)	opona (ž)	[opona]
cenário (m)	dekorace (ž)	[dɛkoratsɛ]
bastidores (m pl)	kulisy (ž mn)	[kulɪsɪ]
cena (f)	scéna (ž)	[stsɛ:na]
ato (m)	jednání (s)	[jɛdna:ni:]
intervalo (m)	přestávka (ž)	[prʃesta:fka]

125. Cinema

ator (m)	herec (m)	[hɛrɛts]
atriz (f)	herečka (ž)	[hɛrɛtʃka]
cinema (m)	kinematografie (ž)	[kɪnɛmatografɪe]
filme (m)	film (m)	[fɪlm]
episódio (m)	díl (m)	[di:l]
filme (m) policial	detektivka (ž)	[dɛtɛktɪfka]
filme (m) de ação	akční film (m)	[aktʃni: fɪlm]
filme (m) de aventuras	dobrodružný film (m)	[dobrodruʒni: fɪlm]
filme (m) de ficção científica	vědecko-fantastický film (m)	[vɛdɛtsko-fantastɪtski: fɪlm]
filme (m) de horror	horor (m)	[horor]
comédia (f)	filmová komedie (ž)	[fɪlmova: komɛdɪe]
melodrama (m)	melodrama (s)	[mɛlodrama]
drama (m)	drama (s)	[drama]
filme (m) de ficção	umělecký film (m)	[umnɛlɛtski: fɪlm]
documentário (m)	dokumentární film (m)	[dokumɛnta:rni: fɪlm]
desenho (m) animado	kreslený film (m)	[krɛslɛni: fɪlm]
cinema (m) mudo	němý film (m)	[nemi: fɪlm]
papel (m)	role (ž)	[rolɛ]
papel (m) principal	hlavní role (ž)	[hlavni: rolɛ]
representar (vt)	hrát	[hra:t]
estrela (f) de cinema	filmová hvězda (ž)	[fɪlmova: hvezda]
conhecido (adj)	slavný	[slavni:]
famoso (adj)	známý	[zna:mi:]
popular (adj)	oblíbený	[obli:bɛni:]
roteiro (m)	scénář (m)	[stsɛ:na:rʃ]
roteirista (m)	scenárista (m)	[stsɛna:rɪsta]
diretor (m) de cinema	režisér (m)	[rɛʒɪsɛ:r]
produtor (m)	filmový producent (m)	[fɪlmovi: produtsɛnt]
assistente (m)	asistent (m)	[asɪstɛnt]
diretor (m) de fotografia	kameraman (m)	[kamɛraman]
dublê (m)	kaskadér (m)	[kaskadɛ:r]
filmar (vt)	natáčet film	[nata:tʃɛt fɪlm]
audição (f)	zkušební natáčení (s)	[skuʃɛbni: nata:tʃɛni:]
filmagem (f)	natáčení (s)	[nata:tʃɛni:]
equipe (f) de filmagem	filmová skupina (ž)	[fɪlmova: skupɪna]
set (m) de filmagem	natáčecí prostor (m)	[nata:tʃɛtsi: prostor]
câmera (f)	filmová kamera (ž)	[fɪlmova: kamɛra]
cinema (m)	biograf (m)	[bɪograf]
tela (f)	plátno (s)	[pla:tno]
exibir um filme	promítat film	[promi:tat fɪlm]
trilha (f) sonora	zvuková stopa (ž)	[zvukova: stopa]
efeitos (m pl) especiais	triky (m mn)	[trɪkɪ]
legendas (f pl)	titulky (m mn)	[tɪtulkɪ]

| crédito (m) | titulky (m mn) | [tɪtulkɪ] |
| tradução (f) | překlad (m) | [prʃɛklat] |

126. Pintura

arte (f)	umění (s)	[umneni:]
belas-artes (f pl)	krásná umění (s mn)	[kra:sna: umneni:]
galeria (f) de arte	galerie (ž)	[galɛrɪe]
exibição (f) de arte	výstava (ž) obrazů	[vi:stava obrazu:]

pintura (f)	malířství (s)	[mali:rʃstvi:]
arte (f) gráfica	grafika (ž)	[grafɪka]
arte (f) abstrata	abstraktní umění (s)	[apstraktni: umneni:]
impressionismo (m)	impresionismus (m)	[ɪmprɛsɪonɪzmus]

pintura (f), quadro (m)	obraz (m)	[obraz]
desenho (m)	kresba (ž)	[krɛzba]
cartaz, pôster (m)	plakát (m)	[plaka:t]

lustração (f)	ilustrace (ž)	[ɪlustratsɛ]
miniatura (f)	miniatura (ž)	[mɪnɪatura]
cópia (f)	kopie (ž)	[kopɪe]
reprodução (f)	reprodukce (ž)	[rɛproduktsɛ]

mosaico (m)	mozaika (ž)	[mozaɪka]
vitral (m)	skleněná mozaika (ž)	[sklɛnena: mozaɪka]
afresco (m)	freska (ž)	[frɛska]
gravura (f)	rytina (ž)	[rɪtɪna]

busto (m)	bysta (ž)	[bɪsta]
escultura (f)	skulptura (ž)	[skulptura]
estátua (f)	socha (ž)	[soxa]
gesso (m)	sádra (ž)	[sa:dra]
em gesso (adj)	sádrový	[sa:drovi:]

retrato (m)	portrét (m)	[portrɛ:t]
autorretrato (m)	autoportrét (m)	[autoportrɛ:t]
paisagem (f)	krajina (ž)	[krajɪna]
natureza (f) morta	zátiší (s)	[za:tɪʃi:]
caricatura (f)	karikatura (ž)	[karɪkatura]
esboço (m)	náčrt (m)	[na:tʃrt]

tinta (f)	barva (ž)	[barva]
aquarela (f)	vodová barva (ž)	[vodova: barva]
tinta (f) a óleo	olejová barva (ž)	[olɛjova: barva]
lápis (m)	tužka (ž)	[tuʃka]
tinta (f) nanquim	tuž (ž)	[tuʃ]
carvão (m)	uhel (m)	[uhɛl]

| desenhar (vt) | kreslit | [krɛslɪt] |
| pintar (vt) | malovat | [malovat] |

| posar (vi) | být modelem | [bi:t modɛlɛm] |
| modelo (m) | živý model (m) | [ʒɪvi: modɛl] |

modelo (f)	modelka (ž)	[modɛlka]
pintor (m)	malíř (m)	[mali:rʃ]
obra (f)	dílo (s)	[di:lo]
obra-prima (f)	veledílo (s)	[vɛlɛdi:lo]
estúdio (m)	dílna (ž)	[di:lna]

tela (f)	plátno (s)	[pla:tno]
cavalete (m)	malířský stojan (m)	[malirʒski: stojan]
paleta (f)	paleta (ž)	[palɛta]

moldura (f)	rám (m)	[ra:m]
restauração (f)	restaurace (ž)	[rɛstauraʦɛ]
restaurar (vt)	restaurovat	[rɛstaurovat]

127. Literatura & Poesia

literatura (f)	literatura (ž)	[lɪtɛratura]
autor (m)	autor (m)	[autor]
pseudônimo (m)	pseudonym (m)	[psɛudonɪm]

livro (m)	kniha (ž)	[knɪha]
volume (m)	díl (m)	[di:l]
índice (m)	obsah (m)	[opsax]
página (f)	stránka (ž)	[stra:ŋka]
protagonista (m)	hlavní hrdina (m)	[hlavni: hrdɪna]
autógrafo (m)	autogram (m)	[autogram]

conto (m)	povídka (ž)	[povi:tka]
novela (f)	novela (ž)	[novɛla]
romance (m)	román (m)	[roma:n]
obra (f)	spis (m)	[spɪs]
fábula (m)	bajka (ž)	[bajka]
romance (m) policial	detektivka (ž)	[dɛtɛktɪfka]

verso (m)	báseň (ž)	[ba:sɛnʲ]
poesia (f)	poezie (ž)	[poɛzɪe]
poema (m)	báseň (ž)	[ba:sɛnʲ]
poeta (m)	básník (m)	[ba:sni:k]

ficção (f)	beletrie (ž)	[bɛlɛtrɪe]
ficção (f) científica	vědecko-fantastická literatura (ž)	[vɛdɛʦko-fantastɪʦka lɪtɛratura]
aventuras (f pl)	dobrodružství (s)	[dobrodruʒstvi:]
literatura (f) didática	školní literatura (ž)	[ʃkolni: lɪtɛratura]
literatura (f) infantil	dětská literatura (ž)	[detska: lɪtɛratura]

128. Circo

circo (m)	cirkus (m)	[ʦɪrkus]
circo (m) ambulante	cirkusový stan (m)	[ʦɪrkusovi: stan]
programa (m)	program (m)	[program]
apresentação (f)	představení (s)	[prʃɛtstavɛni:]

| número (m) | výstup (m) | [vi:stup] |
| picadeiro (f) | aréna (ž) | [arɛ:na] |

| pantomima (f) | pantomima (ž) | [pantomɪma] |
| palhaço (m) | klaun (m) | [klaun] |

acrobata (m)	akrobat (m)	[akrobat]
acrobacia (f)	akrobatika (ž)	[akrobatɪka]
ginasta (m)	gymnasta (m)	[gɪmnasta]
ginástica (f)	gymnastika (ž)	[gɪmnastɪka]
salto (m) mortal	salto (s)	[salto]

homem (m) forte	atlet (m)	[atlɛt]
domador (m)	krotitel (m)	[krotɪtɛl]
cavaleiro (m) equilibrista	jezdec (m)	[jɛzdɛts]
assistente (m)	asistent (m)	[asɪstɛnt]

truque (m)	trik (m)	[trɪk]
truque (m) de mágica	kouzlo (s)	[kouzlo]
ilusionista (m)	kouzelník (m)	[kouzɛlni:k]

malabarista (m)	žonglér (m)	[ʒonglɛ:r]
fazer malabarismos	žonglovat	[ʒonglovat]
adestrador (m)	cvičitel (m)	[tsvɪtʃɪtɛl]
adestramento (m)	drezůra (ž)	[drɛzu:ra]
adestrar (vt)	cvičit	[tsvɪtʃɪt]

129. Música. Música popular

música (f)	hudba (ž)	[hudba]
músico (m)	hudebník (m)	[hudɛbni:k]
instrumento (m) musical	hudební nástroj (m)	[hudɛbni: na:stroj]
tocar ...	hrát na ...	[hra:t na]

guitarra (f)	kytara (ž)	[kɪtara]
violino (m)	housle (ž mn)	[houslɛ]
violoncelo (m)	violoncello (s)	[vɪolontʃelo]
contrabaixo (m)	basa (ž)	[basa]
harpa (f)	harfa (ž)	[harfa]

piano (m)	pianino (s)	[pɪanɪno]
piano (m) de cauda	klavír (m)	[klavi:r]
órgão (m)	varhany (ž mn)	[varhanɪ]

instrumentos (m pl) de sopro	dechové nástroje (m mn)	[dɛxovɛ: na:strojɛ]
oboé (m)	hoboj (m)	[hoboj]
saxofone (m)	saxofon (m)	[saksofon]
clarinete (m)	klarinet (m)	[klarɪnɛt]
flauta (f)	flétna (ž)	[flɛ:tna]
trompete (m)	trubka (ž)	[trupka]

acordeão (m)	akordeon (m)	[akordɛon]
tambor (m)	buben (m)	[bubɛn]
dueto (m)	duo (s)	[duo]

trio (m)	**trio** (s)	[trɪo]
quarteto (m)	**kvarteto** (s)	[kvartɛto]
coro (m)	**sbor** (m)	[zbor]
orquestra (f)	**orchestr** (m)	[orxɛstr]
música (f) pop	**populární hudba** (ž)	[populaːrni: hudba]
música (f) rock	**rocková hudba** (ž)	[rokova: hudba]
grupo (m) de rock	**roková kapela** (ž)	[rokova: kapɛla]
jazz (m)	**jazz** (m)	[dʒɛs]
ídolo (m)	**idol** (m)	[ɪdol]
fã, admirador (m)	**ctitel** (m)	[ʦtɪtɛl]
concerto (m)	**koncert** (m)	[konʦɛrt]
sinfonia (f)	**symfonie** (ž)	[sɪmfonɪe]
composição (f)	**skladba** (ž)	[skladba]
compor (vt)	**složit**	[sloʒɪt]
canto (m)	**zpěv** (m)	[spef]
canção (f)	**píseň** (ž)	[piːsɛnʲ]
melodia (f)	**melodie** (ž)	[mɛlodɪe]
ritmo (m)	**rytmus** (m)	[rɪtmus]
blues (m)	**blues** (s)	[bluːs]
notas (f pl)	**noty** (ž mn)	[notɪ]
batuta (f)	**taktovka** (ž)	[taktofka]
arco (m)	**smyčec** (m)	[smɪʧɛs]
corda (f)	**struna** (ž)	[struna]
estojo (m)	**pouzdro** (s)	[pouzdro]

Descanso. Entretenimento. Viagens

130. Viagens

turismo (m)	turistika (ž)	[turɪstɪka]
turista (m)	turista (m)	[turɪsta]
viagem (f)	cestování (s)	[ʦɛstova:ni:]
aventura (f)	příhoda (ž)	[prʃi:hoda]
percurso (curta viagem)	cesta (ž)	[ʦɛsta]
férias (f pl)	dovolená (ž)	[dovolɛna:]
estar de férias	mít dovolenou	[mi:t dovolɛnou]
descanso (m)	odpočinek (m)	[otpoʧɪnɛk]
trem (m)	vlak (m)	[vlak]
de trem (chegar ~)	vlakem	[vlakɛm]
avião (m)	letadlo (s)	[lɛtadlo]
de avião	letadlem	[lɛtadlɛm]
de carro	autem	[autɛm]
de navio	lodí	[lodi:]
bagagem (f)	zavazadla (s mn)	[zavazadla]
mala (f)	kufr (m)	[kufr]
carrinho (m)	vozík (m) na zavazadla	[vozi:k na zavazadla]
passaporte (m)	pas (m)	[pas]
visto (m)	vízum (s)	[vi:zum]
passagem (f)	jízdenka (ž)	[ji:zdɛŋka]
passagem (f) aérea	letenka (ž)	[lɛtɛŋka]
guia (m) de viagem	průvodce (m)	[pru:vodʦɛ]
mapa (m)	mapa (ž)	[mapa]
área (f)	krajina (ž)	[krajɪna]
lugar (m)	místo (s)	[mi:sto]
exotismo (m)	exotika (ž)	[ɛgzotɪka]
exótico (adj)	exotický	[ɛgzotɪtski:]
surpreendente (adj)	podivuhodný	[podɪvuhodni:]
grupo (m)	skupina (ž)	[skupɪna]
excursão (f)	výlet (m)	[vi:lɛt]
guia (m)	průvodce (m)	[pru:vodʦɛ]

131. Hotel

hotel (m)	hotel (m)	[hotɛl]
motel (m)	motel (m)	[motɛl]
três estrelas	tři hvězdy	[trʃɪ hvezdɪ]

cinco estrelas	pět hvězd	[pet hvezt]
ficar (vi, vt)	ubytovat se	[ubɪtovat sɛ]

quarto (m)	pokoj (m)	[pokoj]
quarto (m) individual	jednolůžkový pokoj (m)	[jɛdnolu:ʃkovi: pokoj]
quarto (m) duplo	dvoulůžkový pokoj (m)	[dvoulu:ʃkovi: pokoj]
reservar um quarto	rezervovat pokoj	[rɛzɛrvovat pokoj]

meia pensão (f)	polopenze (ž)	[polopɛnzɛ]
pensão (f) completa	plná penze (ž)	[plna: pɛnzɛ]

com banheira	s koupelnou	[s koupɛlnou]
com chuveiro	se sprchou	[sɛ sprxou]
televisão (m) por satélite	satelitní televize (ž)	[satɛlɪtni: tɛlɛvɪzɛ]
ar (m) condicionado	klimatizátor (m)	[klɪmatɪza:tor]
toalha (f)	ručník (m)	[rutʃni:k]
chave (f)	klíč (m)	[kli:tʃ]

administrador (m)	recepční (m)	[rɛtsɛptʃni:]
camareira (f)	pokojská (ž)	[pokojska:]
bagageiro (m)	nosič (m)	[nosɪtʃ]
porteiro (m)	vrátný (m)	[vra:tni:]

restaurante (m)	restaurace (ž)	[rɛstauratsɛ]
bar (m)	bar (m)	[bar]
café (m) da manhã	snídaně (ž)	[sni:dane]
jantar (m)	večeře (ž)	[vɛtʃɛrʒɛ]
bufê (m)	obložený stůl (m)	[oblo ʒeni: stu:l]

saguão (m)	vstupní hala (ž)	[vstupni: hala]
elevador (m)	výtah (m)	[vi:tax]

NÃO PERTURBE	NERUŠIT	[nɛruʃɪt]
PROIBIDO FUMAR!	ZÁKAZ KOUŘENÍ	[za:kaz kourʒeni:]

132. Livros. Leitura

livro (m)	kniha (ž)	[knɪha]
autor (m)	autor (m)	[autor]
escritor (m)	spisovatel (m)	[spɪsovatɛl]
escrever (~ um livro)	napsat	[napsat]

leitor (m)	čtenář (m)	[tʃtɛna:rʃ]
ler (vt)	číst	[tʃi:st]
leitura (f)	četba (ž)	[tʃɛtba]

para si	pro sebe	[pro sɛbɛ]
em voz alta	nahlas	[nahlas]

publicar (vt)	vydávat	[vɪda:vat]
publicação (f)	vydání (s)	[vɪda:ni:]
editor (m)	vydavatel (m)	[vɪdavatɛl]
editora (f)	nakladatelství (s)	[nakladatɛlstvi:]
sair (vi)	vyjít	[vɪji:t]

lançamento (m)	vydání (s)	[vɪdaːni:]
tiragem (f)	náklad (m)	[naːklat]
livraria (f)	knihkupectví (s)	[knɪxkupɛtstvi:]
biblioteca (f)	knihovna (ž)	[knɪhovna]
novela (f)	novela (ž)	[novɛla]
conto (m)	povídka (ž)	[poviːtka]
romance (m)	román (m)	[romaːn]
romance (m) policial	detektivka (ž)	[dɛtɛktɪfka]
memórias (f pl)	paměti (ž mn)	[pamnetɪ]
lenda (f)	legenda (ž)	[lɛgɛnda]
mito (m)	mýtus (m)	[miːtus]
poesia (f)	básně (ž mn)	[baːsne]
autobiografia (f)	vlastní životopis (m)	[vlastni: ʒɪvotopɪs]
obras (f pl) escolhidas	výbor (m) z díla	[viːbor z diːla]
ficção (f) científica	fantastika (ž)	[fantastɪka]
título (m)	název (m)	[naːzɛf]
introdução (f)	úvod (m)	[uːvot]
folha (f) de rosto	titulní list (m)	[tɪtulni: lɪst]
capítulo (m)	kapitola (ž)	[kapɪtola]
excerto (m)	úryvek (m)	[uːrɪvɛk]
episódio (m)	epizoda (ž)	[ɛpɪzoda]
enredo (m)	námět (m)	[naːmnet]
conteúdo (m)	obsah (m)	[opsax]
índice (m)	obsah (m)	[opsax]
protagonista (m)	hlavní hrdina (m)	[hlavni: hrdɪna]
volume (m)	svazek (m)	[svazɛk]
capa (f)	obálka (ž)	[obaːlka]
encadernação (f)	vazba (ž)	[vazba]
marcador (m) de página	záložka (ž)	[zaːloʃka]
página (f)	stránka (ž)	[straːŋka]
folhear (vt)	listovat	[lɪstovat]
margem (f)	okraj (m)	[okraj]
anotação (f)	poznámka (ž) na okraj	[poznaːmka na okraj]
nota (f) de rodapé	poznámka (ž)	[poznaːmka]
texto (m)	text (m)	[tɛkst]
fonte (f)	písmo (s)	[piːsmo]
falha (f) de impressão	chyba (ž) tisku	[xɪba tɪsku]
tradução (f)	překlad (m)	[prʃɛklat]
traduzir (vt)	překládat	[prʃɛklaːdat]
original (m)	originál (m)	[orɪgɪnaːl]
famoso (adj)	slavný	[slavni:]
desconhecido (adj)	neznámý	[nɛznaːmi:]
interessante (adj)	zajímavý	[zajiːmavi:]
best-seller (m)	bestseller (m)	[bɛstsɛlɛr]

dicionário (m)	slovník (m)	[slovni:k]
livro (m) didático	učebnice (ž)	[utʃɛbnɪtsɛ]
enciclopédia (f)	encyklopedie (ž)	[ɛntsɪklopɛdɪe]

133. Caça. Pesca

caça (f)	lov (m)	[lof]
caçar (vi)	lovit	[lovɪt]
caçador (m)	lovec (m)	[lovɛts]

disparar, atirar (vi)	střílet	[strʃi:lɛt]
rifle (m)	puška (ž)	[puʃka]
cartucho (m)	náboj (m)	[na:boj]
chumbo (m) de caça	broky (m mn)	[brokɪ]

armadilha (f)	past (ž)	[past]
armadilha (com corda)	léčka (ž)	[lɛ:tʃka]
pôr a armadilha	líčit past	[li:tʃɪt past]
caçador (m) furtivo	pytlák (m)	[pɪtla:k]
caça (animais)	zvěřina (ž)	[zverʒɪna]
cão (m) de caça	lovecký pes (m)	[lovɛtski: pɛs]
safári (m)	safari (s)	[safarɪ]
animal (m) empalhado	vycpané zvíře (s)	[vɪtspanɛ: zvi:rʒɛ]

pescador (m)	rybář (m)	[rɪba:rʃ]
pesca (f)	rybaření (s)	[rɪbarʒeni:]
pescar (vt)	lovit ryby	[lovɪt rɪbɪ]
vara (f) de pesca	udice (ž)	[udɪtsɛ]
linha (f) de pesca	vlas (m)	[vlas]
anzol (m)	háček (m)	[ha:tʃɛk]
boia (f), flutuador (m)	splávek (m)	[spla:vɛk]
isca (f)	návnada (ž)	[na:vnada]

lançar a linha	hodit udici	[hodɪt udɪtsɪ]
morder (peixe)	brát	[bra:t]
pesca (f)	úlovek (m)	[u:lovɛk]
buraco (m) no gelo	otvor (m) v ledu	[otvor v lɛdu]

rede (f)	síť (ž)	[si:tʲ]
barco (m)	loďka (ž)	[lotʲka]
pescar com rede	lovit sítí	[lovɪt si:ti:]
lançar a rede	házet síť	[ha:zɛt si:tʲ]
puxar a rede	vytahovat síť	[vɪtahovat si:tʲ]

baleeiro (m)	velrybář (m)	[vɛlrɪba:rʃ]
baleeira (f)	velrybářská loď (ž)	[vɛlrɪba:rʃska: lotʲ]
arpão (m)	harpuna (ž)	[harpuna]

134. Jogos. Bilhar

| bilhar (m) | kulečník (m) | [kulɛtʃni:k] |
| sala (f) de bilhar | kulečníková herna (ž) | [kulɛtʃni:kova: hɛrna] |

bola (f) de bilhar	kulečníková koule (ž)	[kulɛtʃni:kova: koulɛ]
embolsar uma bola	strefit se koulí	[strɛfɪt sɛ kouli:]
taco (m)	tágo (s)	[ta:go]
caçapa (f)	otvor (m) v kulečníku	[otvor v kulɛtʃni:ku]

135. Jogos. Jogar cartas

ouros (m pl)	kára (s mn)	[ka:ra]
espadas (f pl)	piky (m mn)	[pɪkɪ]
copas (f pl)	srdce (s mn)	[srdtsɛ]
paus (m pl)	kříže (m mn)	[krʃi:ʒe]
ás (m)	eso (s)	[ɛso]
rei (m)	král (m)	[kra:l]
dama (f), rainha (f)	dáma (ž)	[da:ma]
valete (m)	kluk (m)	[kluk]
carta (f) de jogar	karta (ž)	[karta]
cartas (f pl)	karty (ž mn)	[kartɪ]
trunfo (m)	trumf (m)	[trumf]
baralho (m)	karty (ž mn)	[kartɪ]
dar, distribuir (vt)	rozdávat	[rozda:vat]
embaralhar (vt)	míchat	[mi:xat]
vez, jogada (f)	vynášení (s)	[vɪna:ʃɛni:]
trapaceiro (m)	falešný hráč (m)	[falɛʃni: hra:tʃ]

136. Descanso. Jogos. Diversos

passear (vi)	procházet se	[proxa:zɛt sɛ]
passeio (m)	procházka (ž)	[proxa:ska]
viagem (f) de carro	vyjížďka (ž)	[vɪji:ʒtʲka]
aventura (f)	příhoda (ž)	[prʃi:hoda]
piquenique (m)	piknik (m)	[pɪknɪk]
jogo (m)	hra (ž)	[hra]
jogador (m)	hráč (m)	[hra:tʃ]
partida (f)	partie (ž)	[partɪe]
colecionador (m)	sběratel (m)	[zberatɛl]
colecionar (vt)	sbírat	[zbi:rat]
coleção (f)	sbírka (ž)	[zbi:rka]
palavras (f pl) cruzadas	křížovka (ž)	[krʃi:ʒofka]
hipódromo (m)	hipodrom (m)	[hɪpodrom]
discoteca (f)	diskotéka (ž)	[dɪskotɛ:ka]
sauna (f)	sauna (ž)	[sauna]
loteria (f)	loterie (ž)	[lotɛrɪe]
campismo (m)	túra (ž)	[tu:ra]
acampamento (m)	tábor (m)	[ta:bor]

123

barraca (f)	stan (m)	[stan]
bússola (f)	kompas (m)	[kompas]
campista (m)	turista (m)	[turɪsta]

ver (vt), assistir à ...	dívat se na ...	[di:vat sɛ na]
telespectador (m)	televizní divák (m)	[tɛlɛvɪzni: dɪva:k]
programa (m) de TV	televizní pořad (m)	[tɛlevɪzni: porʒat]

137. Fotografia

| máquina (f) fotográfica | fotoaparát (m) | [fotoapara:t] |
| foto, fotografia (f) | fotografie (ž) | [fotografɪe] |

fotógrafo (m)	fotograf (m)	[fotograf]
estúdio (m) fotográfico	fotografický salón (m)	[fotografɪtski: salo:n]
álbum (m) de fotografias	fotoalbum (s)	[fotoalbum]

lente (f) fotográfica	objektiv (m)	[objɛktɪf]
lente (f) teleobjetiva	teleobjektiv (m)	[tɛlɛobjɛktɪf]
filtro (m)	filtr (m)	[fɪltr]
lente (f)	čočka (ž)	[ʧoʧka]

ótica (f)	optika (ž)	[optɪka]
abertura (f)	clona (ž)	[tslona]
exposição (f)	expozice (ž)	[ɛkspozɪtsɛ]
visor (m)	hledáček (m)	[hlɛda:ʧɛk]

câmera (f) digital	digitální kamera (ž)	[dɪgɪta:lni: kamɛra]
tripé (m)	stativ (m)	[statɪf]
flash (m)	blesk (m)	[blɛsk]
fotografar (vt)	fotografovat	[fotografovat]
tirar fotos	fotografovat	[fotografovat]
fotografar-se (vr)	fotografovat se	[fotografovat sɛ]

foco (m)	ostrost (ž)	[ostrost]
focar (vt)	zaostřovat	[zaostrʃovat]
nítido (adj)	ostrý	[ostri:]
nitidez (f)	ostrost (ž)	[ostrost]

| contraste (m) | kontrast (m) | [kontrast] |
| contrastante (adj) | kontrastní | [kontrastni:] |

retrato (m)	snímek (m)	[sni:mɛk]
negativo (m)	negativ (m)	[nɛgatɪf]
filme (m)	film (m)	[fɪlm]
fotograma (m)	záběr (m)	[za:ber]
imprimir (vt)	tisknout	[tɪsknout]

138. Praia. Natação

| praia (f) | pláž (ž) | [pla:ʃ] |
| areia (f) | písek (m) | [pi:sɛk] |

deserto (adj)	pustý	[pusti:]
bronzeado (m)	opálení (s)	[opa:lɛni:]
bronzear-se (vr)	opalovat se	[opalovat sɛ]
bronzeado (adj)	opálený	[opa:lɛni:]
protetor (m) solar	krém (m) na opalování	[krɛ:m na opalova:ni:]

biquíni (m)	bikiny (mn)	[bɪkɪnɪ]
maiô (m)	dámské plavky (ž mn)	[damske plafkɪ]
calção (m) de banho	plavky (ž mn)	[plafkɪ]

piscina (f)	bazén (m)	[bazɛ:n]
nadar (vi)	plavat	[plavat]
chuveiro (m), ducha (f)	sprcha (ž)	[sprxa]
mudar, trocar (vt)	převlékat se	[prɕɛvlɛ:kat sɛ]
toalha (f)	ručník (m)	[rutʃni:k]

| barco (m) | loďka (ž) | [loťka] |
| ancha (f) | motorový člun (m) | [motorovi: tʃlun] |

esqui (m) aquático	vodní lyže (ž mn)	[vodni: lɪʒe]
barco (m) de pedais	vodní bicykl (m)	[vodni: bɪtsɪkl]
surf, surfe (m)	surfování (s)	[surfova:ni:]
surfista (m)	surfař (m)	[surfarʃ]

equipamento (m) de mergulho	potápěčský dýchací přístroj (m)	[pota:petʃski: di:xatsi: prʃi:stroj]
pé (m pl) de pato	ploutve (ž mn)	[ploutvɛ]
máscara (f)	maska (ž)	[maska]
mergulhador (m)	potápěč (m)	[pota:petʃ]
mergulhar (vi)	potápět se	[pota:pet sɛ]
debaixo d'água	pod vodou	[pod vodou]

guarda-sol (m)	slunečník (m)	[slunɛtʃni:k]
espreguiçadeira (f)	rozkládací lehátko (s)	[roskla:datsi: lɛha:tko]
óculos (m pl) de sol	sluneční brýle (mn)	[slunɛtʃni: bri:lɛ]
colchão (m) de ar	nafukovací matrace (ž)	[nafukovatsi: matratsɛ]

| brincar (vi) | hrát | [hra:t] |
| ir nadar | koupat se | [koupat sɛ] |

bola (f) de praia	míč (m)	[mi:tʃ]
encher (vt)	nafukovat	[nafukovat]
inflável (adj)	nafukovací	[nafukovatsi:]

onda (f)	vlna (ž)	[vlna]
boia (f)	bóje (ž)	[bo:jɛ]
afogar-se (vr)	topit se	[topɪt sɛ]

salvar (vt)	zachraňovat	[zaxraňovat]
colete (m) salva-vidas	záchranná vesta (ž)	[za:xranna: vɛsta]
observar (vt)	pozorovat	[pozorovat]
salva-vidas (pessoa)	záchranář (m)	[za:xrana:rʃ]

EQUIPAMENTO TÉCNICO. TRANSPORTES

Equipamento técnico. Transportes

139. Computador

computador (m)	počítač (m)	[potʃi:tatʃ]
computador (m) portátil	notebook (m)	[noutbu:k]
ligar (vt)	zapnout	[zapnout]
desligar (vt)	vypnout	[vɪpnout]
teclado (m)	klávesnice (ž)	[kla:vɛsnɪtsɛ]
tecla (f)	klávesa (ž)	[kla:vɛsa]
mouse (m)	myš (ž)	[mɪʃ]
tapete (m) para mouse	podložka (ž) pro myš	[podloʃka pro mɪʃ]
botão (m)	tlačítko (s)	[tlatʃi:tko]
cursor (m)	kurzor (m)	[kurzor]
monitor (m)	monitor (m)	[monɪtor]
tela (f)	obrazovka (ž)	[obrazofka]
disco (m) rígido	pevný disk (m)	[pɛvni: dɪsk]
capacidade (f) do disco rígido	rozměr (m) disku	[rozmner dɪsku]
memória (f)	paměť (ž)	[pamnetʲ]
memória RAM (f)	operační paměť (ž)	[opɛratʃni: pamnetʲ]
arquivo (m)	soubor (m)	[soubor]
pasta (f)	složka (ž)	[sloʃka]
abrir (vt)	otevřít	[otɛvrʒi:t]
fechar (vt)	zavřít	[zavrʒi:t]
salvar (vt)	uložit	[uloʒɪt]
deletar (vt)	vymazat	[vɪmazat]
copiar (vt)	zkopírovat	[skopi:rovat]
ordenar (vt)	uspořádat	[usporʒa:dat]
copiar (vt)	zkopírovat	[skopi:rovat]
programa (m)	program (m)	[program]
software (m)	programové vybavení (s)	[programovɛ: vɪbavɛni:]
programador (m)	programátor (m)	[programa:tor]
programar (vt)	programovat	[programovat]
hacker (m)	hacker (m)	[hɛkr]
senha (f)	heslo (s)	[hɛslo]
vírus (m)	virus (m)	[vɪrus]
detectar (vt)	zjistit	[zjɪstɪt]
byte (m)	byte (m)	[bajt]

megabyte (m)	megabyte (m)	[mɛgabajt]
dados (m pl)	data (s mn)	[data]
base (f) de dados	databáze (ž)	[databaːzɛ]

cabo (m)	kabel (m)	[kabɛl]
desconectar (vt)	odpojit	[otpojɪt]
conectar (vt)	připojit	[prʃɪpojɪt]

140. Internet. E-mail

internet (f)	internet (m)	[ɪntɛrnɛt]
browser (m)	prohlížeč (m)	[prohliːʒetʃ]
motor (m) de busca	vyhledávací zdroj (m)	[vɪhlɛdaːvatsiː zdroj]
provedor (m)	dodavatel (m)	[dodavatɛl]

webmaster (m)	web-master (m)	[vɛb-mastɛr]
website (m)	webové stránky (ž mn)	[vɛbovɛː straːŋkɪ]
web page (f)	webová stránka (ž)	[vɛbovaː straːŋka]

| endereço (m) | adresa (ž) | [adrɛsa] |
| livro (m) de endereços | adresář (m) | [adrɛsaːrʃ] |

| caixa (f) de correio | e-mailová schránka (ž) | [iːmɛjlovaː sxraːŋka] |
| correio (m) | pošta (ž) | [poʃta] |

mensagem (f)	zpráva (ž)	[spraːva]
remetente (m)	odesílatel (m)	[odɛsiːlatɛl]
enviar (vt)	odeslat	[odɛslat]
envio (m)	odeslání (s)	[odɛslaːniː]

| destinatário (m) | příjemce (m) | [prʃiːjɛmtsɛ] |
| receber (vt) | dostat | [dostat] |

| correspondência (f) | korespondence (ž) | [korɛspondɛntsɛ] |
| corresponder-se (vr) | korespondovat | [korɛspondovat] |

arquivo (m)	soubor (m)	[soubor]
fazer download, baixar (vt)	stáhnout	[staːhnout]
criar (vt)	vytvořit	[vɪtvorʒɪt]
deletar (vt)	vymazat	[vɪmazat]
deletado (adj)	vymazaný	[vɪmazaniː]

conexão (f)	spojení (s)	[spojɛniː]
velocidade (f)	rychlost (ž)	[rɪxlost]
modem (m)	modem (m)	[modɛm]

| acesso (m) | přístup (m) | [prʃiːstup] |
| porta (f) | port (m) | [port] |

| conexão (f) | připojení (s) | [prʃɪpojɛniː] |
| conectar (vi) | připojit se | [prʃɪpojɪt sɛ] |

| escolher (vt) | vybrat | [vɪbrat] |
| buscar (vt) | hledat | [hlɛdat] |

Transportes

141. Avião

avião (m)	letadlo (s)	[lɛtadlo]
passagem (f) aérea	letenka (ž)	[lɛtɛŋka]
companhia (f) aérea	letecká společnost (ž)	[lɛtɛtska: spolɛtʃnost]
aeroporto (m)	letiště (s)	[lɛtɪʃtɛ]
supersônico (adj)	nadzvukový	[nadzvukovi:]

comandante (m) do avião	velitel (m) posádky	[vɛlɪtɛl posa:tkɪ]
tripulação (f)	posádka (ž)	[posa:tka]
piloto (m)	pilot (m)	[pɪlot]
aeromoça (f)	letuška (ž)	[lɛtuʃka]
copiloto (m)	navigátor (m)	[navɪga:tor]

asas (f pl)	křídla (s mn)	[krʃi:dla]
cauda (f)	ocas (m)	[otsas]
cabine (f)	kabina (ž)	[kabɪna]
motor (m)	motor (m)	[motor]
trem (m) de pouso	podvozek (m)	[podvozɛk]
turbina (f)	turbína (ž)	[turbi:na]

hélice (f)	vrtule (ž)	[vrtulɛ]
caixa-preta (f)	černá skříňka (ž)	[tʃɛrna: skrʃi:nʲka]
coluna (f) de controle	řídicí páka (ž)	[rʒi:dɪtsi: pa:ka]
combustível (m)	palivo (s)	[palɪvo]

instruções (f pl) de segurança	předpis (m)	[prʃɛtpɪs]
máscara (f) de oxigênio	kyslíková maska (ž)	[kɪsli:kova: maska]
uniforme (m)	uniforma (ž)	[unɪforma]

colete (m) salva-vidas	záchranná vesta (ž)	[za:xranna: vɛsta]
paraquedas (m)	padák (m)	[pada:k]

decolagem (f)	start (m) letadla	[start lɛtadla]
descolar (vi)	vzlétat	[vzlɛ:tat]
pista (f) de decolagem	rozjezdová dráha (ž)	[rozjɛzdova: dra:ha]

visibilidade (f)	viditelnost (ž)	[vɪdɪtɛlnost]
voo (m)	let (m)	[lɛt]

altura (f)	výška (ž)	[vi:ʃka]
poço (m) de ar	vzdušná jáma (ž)	[vzduʃna: jama]

assento (m)	místo (s)	[mi:sto]
fone (m) de ouvido	sluchátka (s mn)	[sluxa:tka]
mesa (f) retrátil	odklápěcí stolek (m)	[otkla:pɛtsi: stolɛk]
janela (f)	okénko (s)	[okɛ:ŋko]
corredor (m)	chodba (ž)	[xodba]

142. Comboio

trem (m)	vlak (m)	[vlak]
trem (m) elétrico	elektrický vlak (m)	[ɛlɛktrɪtski: vlak]
trem (m)	rychlík (m)	[rɪxli:k]
locomotiva (f) diesel	motorová lokomotiva (ž)	[motorova: lokomotɪva]
locomotiva (f) a vapor	parní lokomotiva (ž)	[parni: lokomotɪva]
vagão (f) de passageiros	vůz (m)	[vu:z]
vagão-restaurante (m)	jídelní vůz (m)	[ji:dɛlni: vu:z]
carris (m pl)	koleje (ž mn)	[kolɛjɛ]
estrada (f) de ferro	železnice (ž mn)	[ʒelɛznɪtsɛ]
travessa (f)	pražec (m)	[praʒets]
plataforma (f)	nástupiště (s)	[na:stupɪʃte]
linha (f)	kolej (ž)	[kolɛj]
semáforo (m)	návěstidlo (s)	[na:vestɪdlo]
estação (f)	stanice (ž)	[stanɪtsɛ]
maquinista (m)	strojvůdce (m)	[strojvu:dtsɛ]
bagageiro (m)	nosič (m)	[nosɪtʃ]
hospedeiro, -a (m, f)	průvodčí (m)	[pru:vodtʃi:]
passageiro (m)	cestující (m)	[tsɛstuji:tsi:]
revisor (m)	revizor (m)	[rɛvɪzor]
corredor (m)	chodba (ž)	[xodba]
freio (m) de emergência	záchranná brzda (ž)	[za:xranna: brzda]
compartimento (m)	oddělení (s)	[oddelɛni:]
cama (f)	lůžko (s)	[lu:ʃko]
cama (f) de cima	horní lůžko (s)	[horni: lu:ʃko]
cama (f) de baixo	dolní lůžko (s)	[dolni: lu:ʃko]
roupa (f) de cama	lůžkoviny (ž mn)	[lu:ʃkovɪnɪ]
passagem (f)	jízdenka (ž)	[ji:zdɛŋka]
horário (m)	jízdní řád (m)	[ji:zdni: rʒa:t]
painel (m) de informação	tabule (ž)	[tabulɛ]
partir (vt)	odjíždět	[odji:ʒdet]
partida (f)	odjezd (m)	[odjɛst]
chegar (vi)	přijíždět	[prʃɪji:ʒdet]
chegada (f)	příjezd (m)	[prʃi:jɛst]
chegar de trem	přijet vlakem	[prʃɪɛt vlakɛm]
pegar o trem	nastoupit do vlaku	[nastoupɪt do vlaku]
descer de trem	vystoupit z vlaku	[vɪstoupɪt z vlaku]
acidente (m) ferroviário	železniční neštěstí (s)	[ʒelɛznɪtʃni: nɛʃtesti:]
locomotiva (f) a vapor	parní lokomotiva (ž)	[parni: lokomotɪva]
foguista (m)	topič (m)	[topɪtʃ]
fornalha (f)	topeniště (s)	[topɛnɪʃte]
carvão (m)	uhlí (s)	[uhli:]

143. Barco

| navio (m) | loď (ž) | [loti] |
| embarcação (f) | loď (ž) | [loti] |

barco (m) a vapor	parník (m)	[parni:k]
barco (m) fluvial	říční loď (ž)	[riʧni loti]
transatlântico (m)	linková loď (ž)	[lɪŋkova: loti]
cruzeiro (m)	křižník (m)	[krʒɪʒni:k]

iate (m)	jachta (ž)	[jaxta]
rebocador (m)	vlek (m)	[vlɛk]
barcaça (f)	vlečná nákladní loď (ž)	[vlɛʧna: na:kladni loti]
ferry (m)	prám (m)	[pra:m]

| veleiro (m) | plachetnice (ž) | [plaxɛtnɪtsɛ] |
| bergantim (m) | brigantina (ž) | [brɪganti:na] |

| quebra-gelo (m) | ledoborec (m) | [lɛdoborɛts] |
| submarino (m) | ponorka (ž) | [ponorka] |

bote, barco (m)	loďka (ž)	[lotika]
baleeira (bote salva-vidas)	člun (m)	[ʧlun]
bote (m) salva-vidas	záchranný člun (m)	[za:xranni: ʧlun]
lancha (f)	motorový člun (m)	[motorovi: ʧlun]

capitão (m)	kapitán (m)	[kapɪta:n]
marinheiro (m)	námořník (m)	[na:morʒni:k]
marujo (m)	námořník (m)	[na:morʒni:k]
tripulação (f)	posádka (ž)	[posa:tka]

contramestre (m)	loďmistr (m)	[lodimɪstr]
grumete (m)	plavčík (m)	[plavʧi:k]
cozinheiro (m) de bordo	lodní kuchař (m)	[lodni: kuxarʃ]
médico (m) de bordo	lodní lékař (m)	[lodni: lɛ:karʃ]

convés (m)	paluba (ž)	[paluba]
mastro (m)	stěžeň (m)	[stɛʒeni]
vela (f)	plachta (ž)	[plaxta]

porão (m)	podpalubí (s)	[potpalubi:]
proa (f)	příď (ž)	[prʃi:ti]
popa (f)	záď (ž)	[za:ti]
remo (m)	veslo (s)	[vɛslo]
hélice (f)	lodní šroub (m)	[lodni: ʃroup]

cabine (m)	kajuta (ž)	[kajuta]
sala (f) dos oficiais	společenská místnost (ž)	[spolɛʧɛnska: mi:stnost]
sala (f) das máquinas	strojovna (ž)	[strojovna]
ponte (m) de comando	kapitánský můstek (m)	[kapɪta:nski: mu:stɛk]
sala (f) de comunicações	rádiová kabina (ž)	[ra:dɪova: kabɪna]
onda (f)	vlna (ž)	[vlna]
diário (m) de bordo	lodní deník (m)	[lodni: dɛni:k]
luneta (f)	dalekohled (m)	[dalɛkohlet]
sino (m)	zvon (m)	[zvon]

bandeira (f)	vlajka (ž)	[vlajka]
cabo (m)	lano (s)	[lano]
nó (m)	uzel (m)	[uzɛl]
corrimão (m)	zábradlí (s)	[za:bradli:]
prancha (f) de embarque	schůdky (m mn)	[sxu:tkɪ]
âncora (f)	kotva (ž)	[kotva]
recolher a âncora	zvednout kotvy	[zvɛdnout kotvɪ]
logar a âncora	spustit kotvy	[spustɪt kotvɪ]
amarra (corrente de âncora)	kotevní řetěz (m)	[kotɛvni: rʒɛtez]
porto (m)	přístav (m)	[prʃi:staf]
cais, amarradouro (m)	přístaviště (s)	[prʃi:stavɪʃte]
atracar (vi)	přistávat	[prʃɪsta:vat]
desatracar (vi)	vyplouvat	[vɪplouvat]
viagem (f)	cestování (s)	[ʦɛstova:ni:]
cruzeiro (m)	výletní plavba (ž)	[vi:letni: plavba]
rumo (m)	kurz (m)	[kurs]
itinerário (m)	trasa (ž)	[trasa]
canal (m) de navegação	plavební dráha (ž)	[plavɛbni: dra:ha]
banco (m) de areia	mělčina (ž)	[mneltʃɪna]
encalhar (vt)	najet na mělčinu	[najɛt na mneltʃɪnu]
tempestade (f)	bouřka (ž)	[bourʃka]
sinal (m)	signál (m)	[sɪgna:l]
afundar-se (vr)	potápět se	[pota:pet sɛ]
SOS	SOS	[ɛs o: ɛs]
boia (f) salva-vidas	záchranný kruh (m)	[za:xranni: krux]

144. Aeroporto

aeroporto (m)	letiště (s)	[lɛtɪʃte]
avião (m)	letadlo (s)	[lɛtadlo]
companhia (f) aérea	letecká společnost (ž)	[lɛtɛtska: spolɛʧnost]
controlador (m) de tráfego aéreo	dispečer (m)	[dɪspɛʧɛr]
partida (f)	odlet (m)	[odlɛt]
chegada (f)	přílet (m)	[prʃi:lɛt]
chegar (vi)	přiletět	[prʃɪlɛtet]
hora (f) de partida	čas (m) odletu	[ʧas odlɛtu]
hora (f) de chegada	čas (m) příletu	[ʧas prʃilɛtu]
estar atrasado	mít zpoždění	[mi:t spoʒdɛni:]
atraso (m) de voo	zpoždění (s) odletu	[spoʒdeni: odlɛtu]
painel (m) de informação	informační tabule (ž)	[ɪnformatʃni: tabulɛ]
informação (f)	informace (ž)	[ɪnformaʦɛ]
anunciar (vt)	hlásit	[hla:sɪt]
voo (m)	let (m)	[lɛt]

alfândega (f)	celnice (ž)	[tsɛlnɪtsɛ]
funcionário (m) da alfândega	celník (m)	[tsɛlni:k]

declaração (f) alfandegária	prohlášení (s)	[prohla:ʃɛni:]
preencher a declaração	vyplnit prohlášení	[vɪplnɪt prohla:ʃɛni:]
controle (m) de passaporte	pasová kontrola (ž)	[pasova: kontrola]

bagagem (f)	zavazadla (s mn)	[zavazadla]
bagagem (f) de mão	příruční zavazadlo (s)	[prʃi:rutʃni: zavazadlo]
carrinho (m)	vozík (m) na zavazadla	[vozi:k na zavazadla]

pouso (m)	přistání (s)	[prʃɪsta:ni:]
pista (f) de pouso	přistávací dráha (ž)	[prʃɪsta:vatsi: dra:ha]
aterrissar (vi)	přistávat	[prʃɪsta:vat]
escada (f) de avião	pojízdné schůdky (m mn)	[poji:zdnɛ: sxu:tkɪ]

check-in (m)	registrace (ž)	[rɛgɪstratsɛ]
balcão (m) do check-in	přepážka (ž) registrace	[prʃɛpa:ʃka rɛgɪstratsɛ]
fazer o check-in	zaregistrovat se	[zarɛgɪstrovat sɛ]
cartão (m) de embarque	palubní lístek (m)	[palubni: li:stɛk]
portão (m) de embarque	příchod (m) k nástupu	[prʃi:xot k na:stupu]

trânsito (m)	tranzit (m)	[tranzɪt]
esperar (vi, vt)	čekat	[tʃɛkat]
sala (f) de espera	čekárna (ž)	[tʃɛka:rna]
despedir-se (acompanhar)	doprovázet	[doprova:zɛt]
despedir-se (dizer adeus)	loučit se	[loutʃɪt sɛ]

145. Bicicleta. Motocicleta

bicicleta (f)	kolo (s)	[kolo]
lambreta (f)	skútr (m)	[sku:tr]
moto (f)	motocykl (m)	[mototsɪkl]

ir de bicicleta	jet na kole	[jɛt na kolɛ]
guidão (m)	řídítka (s mn)	[rʒi:di:tka]
pedal (m)	pedál (m)	[pɛda:l]
freios (m pl)	brzdy (ž mn)	[brzdɪ]
banco, selim (m)	sedlo (s)	[sɛdlo]

bomba (f)	pumpa (ž)	[pumpa]
bagageiro (m) de teto	nosič (m)	[nosɪtʃ]
lanterna (f)	světlo (s)	[svetlo]
capacete (m)	helma (ž)	[hɛlma]

roda (f)	kolo (s)	[kolo]
para-choque (m)	blatník (m)	[blatni:k]
aro (m)	věnec (m)	[venɛts]
raio (m)	paprsek (m)	[paprsɛk]

Carros

146. Tipos de carros

carro, automóvel (m)	auto (s)	[auto]
carro (m) esportivo	sportovní auto (s)	[sportovni: auto]
limusine (f)	limuzína (ž)	[lɪmuzi:na]
todo o terreno (m)	terénní vozidlo (s)	[tɛrɛ:nni: vozɪdlo]
conversível (m)	kabriolet (m)	[kabrɪolɛt]
minibus (m)	mikrobus (m)	[mɪkrobus]
ambulância (f)	sanitka (ž)	[sanɪtka]
limpa-neve (m)	sněžný pluh (m)	[sneʒni: plux]
caminhão (m)	náklaďák (m)	[na:kladʲa:k]
caminhão-tanque (m)	cisterna (ž)	[ʦɪstɛrna]
perua, van (f)	dodávka (ž)	[doda:fka]
caminhão-trator (m)	tahač (m)	[tahaʧ]
reboque (m)	přívěs (m)	[prʃi:ves]
confortável (adj)	komfortní	[komfortni:]
usado (adj)	ojetý	[oeti:]

147. Carros. Carroçaria

capô (m)	kapota (ž)	[kapota]
para-choque (m)	blatník (m)	[blatni:k]
teto (m)	střecha (ž)	[strʃɛxa]
para-brisa (m)	ochranné sklo (s)	[oxrannɛ: sklo]
retrovisor (m)	zpětné zrcátko (s)	[spetnɛ: zrʦa:tko]
esguicho (m)	ostřikovač (m)	[ostrʃɪkovaʧ]
limpadores (m) de para-brisas	stírače (m mn)	[sti:raʧɛ]
vidro (m) lateral	boční sklo (s)	[boʧni: sklo]
elevador (m) do vidro	stahování okna (s)	[stahova:ni: okna]
antena (f)	anténa (ž)	[antɛ:na]
teto (m) solar	střešní okno (s)	[strʃɛʃni: okno]
para-choque (m)	nárazník (m)	[na:razni:k]
porta-malas (f)	kufr (m)	[kufr]
bagageira (f)	nosič (m)	[nosɪʧ]
porta (f)	dveře (ž mn)	[dvɛrʒɛ]
maçaneta (f)	klika (ž)	[klɪka]
fechadura (f)	zámek (m)	[za:mɛk]
placa (f)	statní poznávací značka (ž)	[statni: pozna:vaʦi: znaʧka]
silenciador (m)	tlumič (m)	[tlumɪʧ]

tanque (m) de gasolina	nádržka (ž) na benzín	[na:drʃka na bɛnzi:n]
tubo (m) de exaustão	výfuková trubka (ž)	[vi:fukova: trupka]

acelerador (m)	plyn (m)	[plɪn]
pedal (m)	pedál (m)	[pɛda:l]
pedal (m) do acelerador	plynový pedál (m)	[plɪnovi: pɛda:l]

freio (m)	brzda (ž)	[brzda]
pedal (m) do freio	brzdový pedál (m)	[brzdovi: pɛda:l]
frear (vt)	brzdit	[brzdɪt]
freio (m) de mão	parkovací brzda (ž)	[parkovatsi: brzda]

embreagem (f)	spojka (ž)	[spojka]
pedal (m) da embreagem	spojkový pedál (m)	[spojkovi: pɛda:l]
disco (m) de embreagem	spojkový kotouč (m)	[spojkovi: kotoutʃ]
amortecedor (m)	tlumič (m)	[tlumɪtʃ]

roda (f)	kolo (s)	[kolo]
pneu (m) estepe	náhradní kolo (s)	[na:hradni: kolo]
calota (f)	poklice (ž)	[poklɪtsɛ]

rodas (f pl) motrizes	hnací kola (s mn)	[hnatsi: kola]
de tração dianteira	s pohonem předních kol	[s pohonɛm prʃɛdni:x kol]
de tração traseira	s pohonem zadních kol	[s pohonɛm zadni:x kol]
de tração às 4 rodas	s pohonem všech kol	[s pohonɛm vʃex kol]

caixa (f) de mudanças	převodová skříň (ž)	[prʃɛvodova: skrʃi:nʲ]
automático (adj)	samočinný	[samotʃɪnni:]
mecânico (adj)	mechanický	[mɛxanɪtski:]
alavanca (f) de câmbio	převodová páka (ž)	[prʃɛvodova: pa:ka]

farol (m)	světlo (s)	[svetlo]
faróis (m pl)	světla (s mn)	[svetla]

farol (m) baixo	potkávací světla (s mn)	[potka:vatsi: svetla]
farol (m) alto	dálková světla (s mn)	[da:lkova: svetla]
luzes (f pl) de parada	brzdová světla (s mn)	[brzdova: svetla]

luzes (f pl) de posição	obrysová světla (s mn)	[obrɪsova: svetla]
luzes (f pl) de emergência	havarijní světla (s mn)	[havarɪjni: svetla]
faróis (m pl) de neblina	mlhovky (ž mn)	[mlhofkɪ]
pisca-pisca (m)	směrové světlo (s)	[smnerovɛ: svetlo]
luz (f) de marcha ré	zpětné světlo (s)	[spetnɛ svetlo]

148. Carros. Habitáculo

interior (do carro)	interiér (m)	[ɪntɛrjɛ:r]
de couro	kožený	[koʒeni:]
de veludo	velurový	[vɛlurovi:]
estofamento (m)	potah (m)	[potax]

indicador (m)	přístroj (m)	[prʃi:stroj]
painel (m)	přístrojová deska (ž)	[prʃi:strojova: dɛska]
velocímetro (m)	rychloměr (m)	[rɪxlomner]

ponteiro (m)	ručička (ž)	[rutʃɪtʃka]
hodômetro, odômetro (m)	počítač (m) kilometrů	[potʃi:tatʃ kɪlomɛtru:]
indicador (m)	snímač (m)	[sni:matʃ]
nível (m)	hladina (ž)	[hladɪna]
luz (f) de aviso	lampička (ž)	[lampɪtʃka]

volante (m)	volant (m)	[volant]
buzina (f)	houkačka (ž)	[houkatʃka]
botão (m)	tlačítko (s)	[tlatʃi:tko]
interruptor (m)	přepínač (m)	[prʃɛpi:natʃ]

assento (m)	sedadlo (s)	[sɛdadlo]
costas (f pl) do assento	opěradlo (m)	[operadlo]
cabeceira (f)	podhlavník (m)	[pothlavni:k]
cinto (m) de segurança	bezpečnostní pás (m)	[bɛzpɛtʃnostni: pa:s]
apertar o cinto	připásat se	[prʃɪpa:sat sɛ]
ajuste (m)	regulování (s)	[rɛgulova:ni:]

| airbag (m) | nafukovací vak (m) | [nafukovatsi: vak] |
| ar (m) condicionado | klimatizátor (m) | [klɪmatɪza:tor] |

rádio (m)	rádio (s)	[ra:dɪo]
leitor (m) de CD	CD přehrávač (m)	[tsɛ:dɛ: prʃɛhra:vatʃ]
ligar (vt)	zapnout	[zapnout]
antena (f)	anténa (ž)	[antɛ:na]
porta-luvas (m)	přihrádka (ž)	[prʃɪhra:tka]
cinzeiro (m)	popelník (m)	[popɛlni:k]

149. Carros. Motor

motor (m)	motor (m)	[motor]
a diesel	dieselový	[dɪzɪlovi:]
a gasolina	benzínový	[bɛnzi:novi:]

cilindrada (f)	obsah (m) motoru	[opsax motoru]
potência (f)	výkon (m)	[vi:kon]
cavalo (m) de potência	koňská síla (ž)	[konˈska: si:la]
pistão (m)	píst (m)	[pi:st]
cilindro (m)	cylindr (m)	[tsɪlɪndr]
válvula (f)	ventil (m)	[vɛntɪl]

injetor (m)	injektor (m)	[ɪnjɛktor]
gerador (m)	generátor (m)	[genera:tor]
carburador (m)	karburátor (m)	[karbura:tor]
óleo (m) de motor	motorový olej (m)	[motorovi: olɛj]

radiador (m)	chladič (m)	[xladɪtʃ]
líquido (m) de arrefecimento	chladicí kapalina (ž)	[xladɪtsi: kapalɪna]
ventilador (m)	ventilátor (m)	[vɛntɪla:tor]

bateria (f)	akumulátor (m)	[akumula:tor]
dispositivo (m) de arranque	startér (m)	[startɛ:r]
ignição (f)	zapalování (s)	[zapalova:ni:]
vela (f) de ignição	zapalovací svíčka (ž)	[zapalovatsi: svi:tʃka]

terminal (m)	svorka (ž)	[svorka]
terminal (m) positivo	plus (m)	[plus]
terminal (m) negativo	minus (m)	[mi:nus]
fusível (m)	pojistka (ž)	[pojɪstka]

filtro (m) de ar	vzduchový filtr (m)	[vzduxovi: fɪltr]
filtro (m) de óleo	olejový filtr (m)	[olɛjovi: fɪltr]
filtro (m) de combustível	palivový filtr (m)	[palɪvovi: fɪltr]

150. Carros. Batidas. Reparação

acidente (m) de carro	havárie (ž)	[hava:rɪe]
acidente (m) rodoviário	dopravní nehoda (ž)	[dopravni: nɛhoda]
bater (~ num muro)	narazit	[narazɪt]
sofrer um acidente	rozbít se	[rozbi:t sɛ]
dano (m)	poškození (s)	[poʃkozɛni:]
intato	celý	[tsɛli:]

pane (f)	porucha (ž)	[poruxa]
avariar (vi)	porouchat se	[porouxat sɛ]
cabo (m) de reboque	vlečné lano (s)	[vlɛtʃnɛ: lano]

furo (m)	píchnutí (s)	[pi:xnuti:]
estar furado	splasknout	[splasknout]
encher (vt)	nafukovat	[nafukovat]
pressão (f)	tlak (m)	[tlak]
verificar (vt)	prověřit	[provɛrʒɪt]

reparo (m)	oprava (ž)	[oprava]
oficina (f) automotiva	opravna (ž)	[opravna]
peça (f) de reposição	náhradní díl (m)	[na:hradni: di:l]
peça (f)	díl (m)	[di:l]

parafuso (com porca)	šroub (m)	[ʃroup]
parafuso (m)	šroub (m)	[ʃroup]
porca (f)	matice (ž)	[matɪtsɛ]
arruela (f)	podložka (ž)	[podloʃka]
rolamento (m)	ložisko (s)	[loʒɪsko]

tubo (m)	trubka (ž)	[trupka]
junta, gaxeta (f)	vložka (ž)	[vloʃka]
fio, cabo (m)	vodič (m)	[vodɪtʃ]

macaco (m)	zvedák (m)	[zvɛda:k]
chave (f) de boca	francouzský klíč (m)	[frantsouski: kli:tʃ]
martelo (m)	kladivo (s)	[kladɪvo]
bomba (f)	pumpa (ž)	[pumpa]
chave (f) de fenda	šroubovák (m)	[ʃroubova:k]

| extintor (m) | hasicí přístroj (m) | [hasɪtsi: prʃi:stroj] |
| triângulo (m) de emergência | výstražný trojúhelník (ž) | [vi:straʒni: troju:hɛlnik] |

| morrer (motor) | zhasínat | [zhasi:nat] |
| paragem, "morte" (f) | zastavení (s) | [zastavɛni:] |

estar quebrado	být porouchaný	[bi:t porouxani:]
superaquecer-se (vr)	přehřát se	[prʃɛhrʒa:t sɛ]
congelar-se (vr)	zamrznout	[zamrznout]
rebentar (vi)	puknout	[puknout]

pressão (f)	tlak (m)	[tlak]
nível (m)	hladina (ž)	[hladɪna]
frouxo (adj)	slabý	[slabi:]

batida (f)	promáčknutí (s)	[proma:tʃknuti:]
ruído (m)	klapot (m)	[klapot]
fissura (f)	prasklina (ž)	[prasklɪna]
arranhão (m)	rýha (ž)	[ri:ha]

151. Carros. Estrada

estrada (f)	cesta (ž)	[tsɛsta]
autoestrada (f)	dálnice (ž)	[da:lnɪtsɛ]
rodovia (f)	silnice (ž)	[sɪlnɪtsɛ]
direção (f)	směr (m)	[smner]
distância (f)	vzdálenost (ž)	[vzda:lɛnost]

ponte (f)	most (m)	[most]
parque (m) de estacionamento	parkoviště (s)	[parkovɪʃte]
praça (f)	náměstí (s)	[na:mnesti:]
nó (m) rodoviário	nadjezd (m)	[nadjɛzt]
túnel (m)	podjezd (m)	[podjɛzt]

posto (m) de gasolina	benzínová stanice (ž)	[bɛnzi:nova: stanɪtsɛ]
parque (m) de estacionamento	parkoviště (s)	[parkovɪʃte]
bomba (f) de gasolina	benzínová pumpa (ž)	[bɛnzi:nova: pumpa]
oficina (f) automotiva	autoopravna (ž)	[autoopravna]
abastecer (vt)	natankovat	[nataŋkovat]
combustível (m)	palivo (s)	[palɪvo]
galão (m) de gasolina	kanystr (m)	[kanɪstr]

asfalto (m)	asfalt (m)	[asfalt]
marcação (f) de estradas	označení (s)	[oznatʃɛni:]
meio-fio (m)	obrubník (m)	[obrubni:k]
guard-rail (m)	ochranné zábradlí (s)	[oxrannɛ za:bradli:]
valeta (f)	příkop (m)	[prʃi:kop]
acostamento (m)	krajnice (ž)	[krajnɪtsɛ]
poste (m) de luz	sloup (m)	[sloup]

dirigir (vt)	řídit	[rʒi:dɪt]
virar (~ para a direita)	zatáčet	[zata:tʃɛt]
dar retorno	otáčet se	[ota:tʃɛt sɛ]
ré (f)	zpáteční rychlost (ž)	[spa:tɛtʃni: rɪxlost]

buzinar (vi)	houkat	[houkat]
buzina (f)	houkání (s)	[houka:ni:]
atolar-se (vr)	uváznout	[uva:znout]
patinar (na lama)	prokluzovat	[prokluzovat]
desligar (vt)	zastavovat	[zastavovat]

velocidade (f)	rychlost (ž)	[rɪxlost]
exceder a velocidade	překročit dovolenou rychlost	[prʃɛkrotʃɪt dovolɛnou rɪxlost]
multar (vt)	pokutovat	[pokutovat]
semáforo (m)	semafor (m)	[sɛmafor]
carteira (f) de motorista	řidičský průkaz (m)	[rʒɪdɪtʃski: pruːkaz]

passagem (f) de nível	přejezd (m)	[prʃɛjɛzt]
cruzamento (m)	křižovatka (ž)	[krʃɪʒovatka]
faixa (f)	přechod (m) pro chodce	[prʃɛxot pro xodtsɛ]
curva (f)	zatáčka (ž)	[zataːtʃka]
zona (f) de pedestres	pěší zóna (ž)	[peʃi: zoːna]

PESSOAS. EVENTOS

Eventos

152. Férias. Evento

festa (f)	svátek (m)	[sva:tɛk]
feriado (m) nacional	národní svátek (m)	[na:rodni: sva:tɛk]
feriado (m)	sváteční den (m)	[sva:tɛtʃni: dɛn]
festejar (vt)	oslavovat	[oslavovat]
evento (festa, etc.)	událost (ž)	[uda:lost]
evento (banquete, etc.)	akce (ž)	[aktsɛ]
banquete (m)	banket (m)	[baŋkɛt]
recepção (f)	recepce (ž)	[rɛtsɛptsɛ]
festim (m)	hostina (ž)	[hostɪna]
aniversário (m)	výročí (s)	[vi:rotʃi:]
jubileu (m)	jubileum (s)	[jubɪlɛjum]
celebrar (vt)	oslavit	[oslavɪt]
Ano (m) Novo	Nový rok (m)	[novi: rok]
Feliz Ano Novo!	Šťastný nový rok!	[ʃťastni: novi: rok]
Natal (m)	Vánoce (ž mn)	[va:notsɛ]
Feliz Natal!	Veselé Vánoce!	[vɛsɛlɛ: va:notsɛ]
árvore (f) de Natal	vánoční stromek (m)	[va:notʃni: stromɛk]
fogos (m pl) de artifício	ohňostroj (m)	[ohnʲostroj]
casamento (m)	svatba (ž)	[svatba]
noivo (m)	ženich (m)	[ʒenɪx]
noiva (f)	nevěsta (ž)	[nɛvesta]
convidar (vt)	zvát	[zva:t]
convite (m)	pozvánka (ž)	[pozva:ŋka]
convidado (m)	host (m)	[host]
visitar (vt)	jít na návštěvu	[ji:t na na:vʃtevu]
receber os convidados	vítat hosty	[vitat hostɪ]
presente (m)	dárek (m)	[da:rɛk]
oferecer, dar (vt)	darovat	[darovat]
receber presentes	dostávat dárky	[dosta:vat da:rkɪ]
buquê (m) de flores	kytice (ž)	[kɪtɪtsɛ]
felicitações (f pl)	blahopřání (s)	[blahoprʃa:ni:]
felicitar (vt)	blahopřát	[blahoprʃa:t]
cartão (m) de parabéns	blahopřejný lístek (m)	[blahoprʃɛjni: li:stɛk]
enviar um cartão postal	poslat lístek	[poslat li:stɛk]

receber um cartão postal	dostat lístek	[dostat li:stɛk]
brinde (m)	přípitek (m)	[prʃi:pɪtɛk]
oferecer (vt)	častovat	[ʧastovat]
champanhe (m)	šampaňské (s)	[ʃampanʲskɛ:]

divertir-se (vr)	bavit se	[bavɪt sɛ]
diversão (f)	zábava (ž)	[za:bava]
alegria (f)	radost (ž)	[radost]

| dança (f) | tanec (m) | [tanɛʦ] |
| dançar (vi) | tančit | [tanʧɪt] |

| valsa (f) | valčík (m) | [valʧi:k] |
| tango (m) | tango (s) | [tango] |

153. Funerais. Enterro

cemitério (m)	hřbitov (m)	[hrʒbɪtof]
sepultura (f), túmulo (m)	hrob (m)	[hrop]
cruz (f)	kříž (m)	[krʃi:ʃ]
lápide (f)	náhrobek (m)	[na:hrobɛk]
cerca (f)	ohrádka (ž)	[ohra:tka]
capela (f)	kaple (ž)	[kaplɛ]

morte (f)	úmrtí (s)	[u:mrti:]
morrer (vi)	umřít	[umrʒi:t]
defunto (m)	zemřelý (m)	[zɛmrʒeli:]
luto (m)	smutek (m)	[smutɛk]

enterrar, sepultar (vt)	pohřbívat	[pohrʒbi:vat]
funerária (f)	pohřební ústav (m)	[pohrʒɛbni: u:staf]
funeral (m)	pohřeb (m)	[pohrʒɛp]

coroa (f) de flores	věnec (m)	[venɛʦ]
caixão (m)	rakev (ž)	[rakɛf]
carro (m) funerário	katafalk (m)	[katafalk]
mortalha (f)	pohřební roucho (m)	[pohrʒɛbni: rouxo]

| urna (f) funerária | popelnice (ž) | [popɛlnɪʦɛ] |
| crematório (m) | krematorium (s) | [krɛmatorɪum] |

obituário (m), necrologia (f)	nekrolog (m)	[nɛkrolog]
chorar (vi)	plakat	[plakat]
soluçar (vi)	vzlykat	[vzlɪkat]

154. Guerra. Soldados

pelotão (m)	četa (ž)	[ʧɛta]
companhia (f)	rota (ž)	[rota]
regimento (m)	pluk (m)	[pluk]
exército (m)	armáda (ž)	[arma:da]
divisão (f)	divize (ž)	[dɪvɪzɛ]

| esquadrão (m) | oddíl (m) | [oddi:l] |
| hoste (f) | vojsko (s) | [vojsko] |

| soldado (m) | voják (m) | [voja:k] |
| oficial (m) | důstojník (m) | [du:stojni:k] |

soldado (m) raso	vojín (m)	[voji:n]
sargento (m)	seržant (m)	[sɛrʒant]
tenente (m)	poručík (m)	[porutʃi:k]
capitão (m)	kapitán (m)	[kapɪta:n]
major (m)	major (m)	[major]
coronel (m)	plukovník (m)	[plukovni:k]
general (m)	generál (m)	[gɛnɛra:l]

marujo (m)	námořník (m)	[na:morʒni:k]
capitão (m)	kapitán (m)	[kapɪta:n]
contramestre (m)	loďmistr (m)	[lodʲmɪstr]

artilheiro (m)	dělostřelec (m)	[delostrʃɛlɛts]
soldado (m) paraquedista	výsadkář (m)	[vi:satka:rʃ]
piloto (m)	letec (m)	[lɛtɛts]
navegador (m)	navigátor (m)	[navɪga:tor]
mecânico (m)	mechanik (m)	[mɛxanɪk]

sapador-mineiro (m)	ženista (m)	[ʒenɪsta]
paraquedista (m)	parašutista (m)	[paraʃutɪsta]
explorador (m)	rozvědčík (m)	[rozvedtʃi:k]
atirador (m) de tocaia	odstřelovač (m)	[otstrʃɛlovatʃ]

patrulha (f)	hlídka (ž)	[hli:tka]
patrulhar (vt)	hlídkovat	[hli:tkovat]
sentinela (f)	strážný (m)	[stra:ʒni:]

guerreiro (m)	vojín (m)	[voji:n]
patriota (m)	vlastenec (m)	[vlastɛnɛts]
herói (m)	hrdina (m)	[hrdɪna]
heroína (f)	hrdinka (ž)	[hrdɪŋka]

traidor (m)	zrádce (m)	[zra:dtsɛ]
desertor (m)	zběh (m)	[zbex]
desertar (vt)	dezertovat	[dɛzɛrtovat]

mercenário (m)	žoldnéř (m)	[ʒoldnɛ:rʃ]
recruta (m)	branec (m)	[branɛts]
voluntário (m)	dobrovolník (m)	[dobrovolni:k]

morto (m)	zabitý (m)	[zabɪti:]
ferido (m)	raněný (m)	[raneni:]
prisioneiro (m) de guerra	zajatec (m)	[zajatɛts]

155. Guerra. Ações militares. Parte 1

| guerra (f) | válka (ž) | [va:lka] |
| guerrear (vt) | bojovat | [bojovat] |

guerra (f) civil	občanská válka (ž)	[obtʃanska: va:lka]
perfidamente	věrolomně	[verolomne]
declaração (f) de guerra	vyhlášení (s)	[vɪhla:ʃɛni:]
declarar guerra	vyhlásit	[vɪhla:sɪt]
agressão (f)	agrese (ž)	[agrɛsɛ]
atacar (vt)	přepadat	[prʃɛpadat]

invadir (vt)	uchvacovat	[uxvatsovat]
invasor (m)	uchvatitel (m)	[uxvatɪtɛl]
conquistador (m)	dobyvatel (m)	[dobɪvatɛl]

defesa (f)	obrana (ž)	[obrana]
defender (vt)	bránit	[bra:nɪt]
defender-se (vr)	bránit se	[bra:nɪt sɛ]

inimigo, adversário (m)	nepřítel (m)	[nɛprʃi:tɛl]
inimigo (adj)	nepřátelský	[nɛprʃa:tɛlski:]

estratégia (f)	strategie (ž)	[stratɛgɪe]
tática (f)	taktika (ž)	[taktɪka]

ordem (f)	rozkaz (m)	[roskas]
comando (m)	povel (m)	[povɛl]
ordenar (vt)	rozkazovat	[roskazovat]
missão (f)	úkol (m)	[u:kol]
secreto (adj)	tajný	[tajni:]

batalha (f)	bitva (ž)	[bɪtva]
combate (m)	boj (m)	[boj]

ataque (m)	útok (m)	[u:tok]
assalto (m)	útok (m)	[u:tok]
assaltar (vt)	dobývat útokem	[dobi:vat u:tokɛm]
assédio, sítio (m)	obležení (s)	[oblɛʒeni:]

ofensiva (f)	ofenzíva (ž)	[ofɛnzi:va]
tomar à ofensiva	zahájit ofenzivu	[zaha:jɪt ofɛnzivu]

retirada (f)	ústup (m)	[u:stup]
retirar-se (vr)	ustupovat	[ustupovat]

cerco (m)	obklíčení (s)	[opkli:tʃɛni:]
cercar (vt)	obkličovat	[opklɪtʃovat]

bombardeio (m)	bombardování (s)	[bombardova:ni:]
lançar uma bomba	shodit pumu	[sxodɪt pumu]
bombardear (vt)	bombardovat	[bombardovat]
explosão (f)	výbuch (m)	[vi:bux]

tiro (m)	výstřel (m)	[vi:strʃɛl]
dar um tiro	vystřelit	[vɪstrʒɛlɪt]
tiroteio (m)	střelba (ž)	[strʃɛlba]

apontar para ...	mířit	[mi:rʒɪt]
apontar (vt)	zamířit	[zami:rʒɪt]
acertar (vt)	zasáhnout	[zasa:hnout]

afundar (~ um navio, etc.)	potopit	[potopɪt]
brecha (f)	trhlina (ž)	[trhlɪna]
afundar-se (vr)	topit se	[topɪt sɛ]

frente (m)	fronta (ž)	[fronta]
evacuação (f)	evakuace (ž)	[ɛvakuatsɛ]
evacuar (vt)	evakuovat	[ɛvakuovat]

arame (m) enfarpado	ostnatý drát (m)	[ostnati: dra:t]
carreira (f) anti-tanque	zátaras (m)	[za:taras]
torre (f) de vigia	věž (ž)	[veʃ]

hospital (m) militar	vojenská nemocnice (ž)	[vojɛnska: nɛmotsnɪtsɛ]
ferir (vt)	zranit	[zranɪt]
ferida (f)	rána (ž)	[ra:na]
ferido (m)	raněný (m)	[raneni:]
ficar ferido	utrpět zranění	[utrpet zraneni:]
grave (ferida ~)	těžký	[teʃki:]

156. Armas

arma (f)	zbraň (ž)	[zbranʲ]
arma (f) de fogo	střelná zbraň (ž)	[strʃɛlna: zbranʲ]
arma (f) branca	bodná a sečná zbraň (ž)	[bodna: a sɛtʃna: zbranʲ]

arma (f) química	chemická zbraň (ž)	[xɛmɪtska: zbranʲ]
nuclear (adj)	jaderný	[jadɛrni:]
arma (f) nuclear	jaderná zbraň (ž)	[jadɛrna: zbranʲ]

| bomba (f) | puma (ž) | [puma] |
| bomba (f) atômica | atomová puma (ž) | [atomova: puma] |

pistola (f)	pistole (ž)	[pɪstolɛ]
rifle (m)	puška (ž)	[puʃka]
semi-automática (f)	samopal (m)	[samopal]
metralhadora (f)	kulomet (m)	[kulomɛt]

boca (f)	ústí (s) hlavně	[u:sti: hlavne]
cano (m)	hlaveň (ž)	[hlavɛnʲ]
calibre (m)	ráž (ž)	[ra:ʃ]

gatilho (m)	kohoutek (m)	[kohoutɛk]
mira (f)	hledí (s)	[hlɛdi:]
carregador (m)	zásobník (m)	[za:sobni:k]
coronha (f)	pažba (ž)	[paʒba]

| granada (f) de mão | granát (m) | [grana:t] |
| explosivo (m) | výbušnina (ž) | [vi:buʃnɪna] |

bala (f)	kulka (ž)	[kulka]
cartucho (m)	náboj (m)	[na:boj]
carga (f)	nálož (ž)	[na:loʃ]
munições (f pl)	střelivo (s)	[strʃɛlɪvo]
bombardeiro (m)	bombardér (m)	[bombardɛ:r]

avião (m) de caça	stíhačka (ž)	[sti:hatʃka]
helicóptero (m)	vrtulník (m)	[vrtulni:k]
canhão (m) antiaéreo	protiletadlové dělo (s)	[protɪlɛtadlovɛ: delo]
tanque (m)	tank (m)	[taŋk]
canhão (de um tanque)	tankové dělo (s)	[taŋkovɛ: delo]
artilharia (f)	dělostřelectvo (s)	[delostrʃɛlɛʦtvo]
canhão (m)	dělo (s)	[delo]
fazer a pontaria	zamířit	[zami:rʒɪt]
projétil (m)	střela (ž)	[strʃɛla]
granada (f) de morteiro	mina (ž)	[mɪna]
morteiro (m)	minomet (m)	[mɪnomɛt]
estilhaço (m)	střepina (ž)	[strʃɛpɪna]
submarino (m)	ponorka (ž)	[ponorka]
torpedo (m)	torpédo (s)	[torpɛ:do]
míssil (m)	raketa (ž)	[rakɛta]
carregar (uma arma)	nabíjet	[nabi:jɛt]
disparar, atirar (vi)	střílet	[strʃi:lɛt]
apontar para ...	mířit	[mi:rʒɪt]
baioneta (f)	bodák (m)	[boda:k]
espada (f)	kord (m)	[kort]
sabre (m)	šavle (ž)	[ʃavlɛ]
lança (f)	kopí (s)	[kopi:]
arco (m)	luk (m)	[luk]
flecha (f)	šíp (m)	[ʃi:p]
mosquete (m)	mušketa (ž)	[muʃkɛta]
besta (f)	samostříl (m)	[samostrʃi:l]

157. Povos da antiguidade

primitivo (adj)	prvobytný	[prvobɪtni:]
pré-histórico (adj)	prehistorický	[prɛhɪstorɪtski:]
antigo (adj)	starobylý	[starobɪli:]
Idade (f) da Pedra	Doba (ž) kamenná	[doba kamɛnna:]
Idade (f) do Bronze	Doba (ž) bronzová	[doba bronzova:]
Era (f) do Gelo	Doba (ž) ledová	[doba lɛdova:]
tribo (f)	kmen (m)	[kmɛn]
canibal (m)	lidojed (m)	[lɪdojɛt]
caçador (m)	lovec (m)	[lovɛʦ]
caçar (vi)	lovit	[lovɪt]
mamute (m)	mamut (m)	[mamut]
caverna (f)	jeskyně (ž)	[jɛskɪne]
fogo (m)	oheň (m)	[ohɛnʲ]
fogueira (f)	táborák (m)	[taborak]
pintura (f) rupestre	jeskynní malba (ž)	[jɛskɪnni: malba]
ferramenta (f)	pracovní nástroje (m mn)	[praʦovni: na:strojɛ]

lança (f)	oštěp (m)	[oʃtep]
machado (m) de pedra	kamenná sekera (ž)	[kamɛnna: sɛkɛra]
guerrear (vt)	bojovat	[bojovat]
domesticar (vt)	ochočovat	[oxotʃovat]

ídolo (m)	modla (ž)	[modla]
adorar, venerar (vt)	klanět se	[klanet sɛ]
superstição (f)	pověra (ž)	[povera]

evolução (f)	evoluce (ž)	[ɛvolutsɛ]
desenvolvimento (m)	rozvoj (m)	[rozvoj]
extinção (f)	vymizení (s)	[vɪmɪzɛni:]
adaptar-se (vr)	přizpůsobovat se	[prʃɪspu:sobovat sɛ]

arqueologia (f)	archeologie (ž)	[arxɛologɪe]
arqueólogo (m)	archeolog (m)	[arxɛolog]
arqueológico (adj)	archeologický	[arxɛologɪtski:]

escavação (sítio)	vykopávky (ž mn)	[vɪkopa:fkɪ]
escavações (f pl)	vykopávky (ž mn)	[vɪkopa:fkɪ]
achado (m)	objev (m)	[objɛf]
fragmento (m)	část (ž)	[tʃa:st]

158. Idade média

povo (m)	lid, národ (m)	[lɪt], [na:rot]
povos (m pl)	národy (m mn)	[na:rodɪ]
tribo (f)	kmen (m)	[kmɛn]
tribos (f pl)	kmeny (m mn)	[kmɛnɪ]

bárbaros (pl)	barbaři (m mn)	[barbarʒɪ]
galeses (pl)	Galové (m mn)	[galovɛ:]
godos (pl)	Gótové (m mn)	[go:tovɛ:]
eslavos (pl)	Slované (m mn)	[slovanɛ:]
viquingues (pl)	Vikingové (m mn)	[vɪkɪngovɛ:]

| romanos (pl) | Římané (m mn) | [rʒi:manɛ:] |
| romano (adj) | římský | [rʒi:mski:] |

bizantinos (pl)	obyvatelé (m mn) Byzantské říše	[obɪvatɛlɛ: bɪzantskɛ: rʃi:ʃɛ]
Bizâncio	Byzantská říše (ž)	[bɪzantska: rʃi:ʃɛ]
bizantino (adj)	byzantský	[bɪzantski:]

imperador (m)	císař (m)	[tsi:sarʃ]
líder (m)	vůdce (m)	[vu:dtsɛ]
poderoso (adj)	mocný	[motsni:]
rei (m)	král (m)	[kra:l]
governante (m)	vladař (m)	[vladarʃ]

cavaleiro (m)	rytíř (m)	[rɪti:rʃ]
senhor feudal (m)	feudál (m)	[fɛuda:l]
feudal (adj)	feudální	[fɛuda:lni:]
vassalo (m)	vasal (m)	[vasal]

duque (m)	vévoda (m)	[vɛ:voda]
conde (m)	hrabě (m)	[hrabe]
barão (m)	barel (m)	[barɛl]
bispo (m)	biskup (m)	[bɪskup]
armadura (f)	brnění (s)	[brneni:]
escudo (m)	štít (m)	[ʃti:t]
espada (f)	meč (m)	[mɛtʃ]
viseira (f)	hledí (s)	[hlɛdi:]
cota (f) de malha	kroužková košile (ž)	[krouʃkova: koʃilɛ]
cruzada (f)	křižácká výprava (ž)	[krʃɪʒa:tska: vi:prava]
cruzado (m)	křižák (m)	[krʃɪʒa:k]
território (m)	území (s)	[u:zɛmi:]
atacar (vt)	přepadat	[prʃɛpadat]
conquistar (vt)	dobýt	[dobi:t]
ocupar, invadir (vt)	zmocnit se	[zmotsnɪt sɛ]
assédio, sítio (m)	obležení (s)	[oblɛʒeni:]
sitiado (adj)	obklíčený	[opkli:tʃɛni:]
assediar, sitiar (vt)	obkličovat	[opklɪtʃovat]
inquisição (f)	inkvizice (ž)	[ɪŋkvɪzɪtsɛ]
inquisidor (m)	inkvizitor (m)	[ɪŋkvɪzɪtor]
tortura (f)	mučení (s)	[mutʃɛni:]
cruel (adj)	krutý	[kruti:]
herege (m)	kacíř (m)	[katsi:rʃ]
heresia (f)	bludařství (s)	[bludarʃstvi:]
navegação (f) marítima	mořeplavba (ž)	[morʒɛplavba]
pirata (m)	pirát (m)	[pɪra:t]
pirataria (f)	pirátství (s)	[pɪra:tstvi:]
abordagem (f)	abordáž (ž)	[aborda:ʃ]
presa (f), butim (m)	kořist (ž)	[korʒɪst]
tesouros (m pl)	bohatství (s)	[bohatstvi:]
descobrimento (m)	objevení (s)	[objɛvɛni:]
descobrir (novas terras)	objevit	[objɛvɪt]
expedição (f)	výprava (ž)	[vi:prava]
mosqueteiro (m)	mušketýr (m)	[muʃkɛti:r]
cardeal (m)	kardinál (m)	[kardɪna:l]
heráldica (f)	heraldika (ž)	[hɛraldɪka]
heráldico (adj)	heraldický	[hɛraldɪtski:]

159. Líder. Chefe. Autoridades

rei (m)	král (m)	[kra:l]
rainha (f)	královna (ž)	[kra:lovna]
real (adj)	královský	[kra:lovski:]
reino (m)	království (s)	[kra:lovstvi:]
príncipe (m)	princ (m)	[prɪnts]
princesa (f)	princezna (ž)	[prɪntsɛzna]

presidente (m)	prezident (m)	[prɛzɪdɛnt]
vice-presidente (m)	viceprezident (m)	[vɪtsɛprɛzɪdɛnt]
senador (m)	senátor (m)	[sɛna:tor]
monarca (m)	monarcha (m)	[monarxa]
governante (m)	vladař (m)	[vladarʃ]
ditador (m)	diktátor (m)	[dɪkta:tor]
tirano (m)	tyran (m)	[tɪran]
magnata (m)	magnát (m)	[magna:t]
diretor (m)	ředitel (m)	[rʒɛdɪtɛl]
chefe (m)	šéf (m)	[ʃɛ:f]
gerente (m)	správce (m)	[spra:vtsɛ]
patrão (m)	bos (m)	[bos]
dono (m)	majitel (m)	[majɪtɛl]
chefe (m)	hlava (m)	[hlava]
autoridades (f pl)	úřady (m mn)	[u:rʒadɪ]
superiores (m pl)	vedení (s)	[vɛdɛni:]
governador (m)	gubernátor (m)	[gubɛrna:tor]
cônsul (m)	konzul (m)	[konzul]
diplomata (m)	diplomat (m)	[dɪplomat]
Presidente (m) da Câmara	primátor (m)	[prɪma:tor]
xerife (m)	šerif (m)	[ʃɛrɪf]
imperador (m)	císař (m)	[tsi:sarʃ]
czar (m)	car (m)	[tsar]
faraó (m)	faraón (m)	[farao:n]
cã, khan (m)	chán (m)	[xa:n]

160. Violação da lei. Criminosos. Parte 1

bandido (m)	bandita (m)	[bandɪta]
crime (m)	zločin (m)	[zlotʃɪn]
criminoso (m)	zločinec (m)	[zlotʃɪnɛts]
ladrão (m)	zloděj (m)	[zlodej]
roubar (vt)	krást	[kra:st]
roubo (atividade)	loupež (ž)	[loupɛʃ]
furto (m)	krádež (ž)	[kra:dɛʃ]
raptar, sequestrar (vt)	unést	[unɛ:st]
sequestro (m)	únos (m)	[u:nos]
sequestrador (m)	únosce (m)	[u:nostsɛ]
resgate (m)	výkupné (s)	[vi:kupnɛ:]
pedir resgate	žádat výkupné	[ʒa:dat vi:kupnɛ:]
roubar (vt)	loupit	[loupɪt]
assalto, roubo (m)	loupež (ž)	[loupɛʃ]
assaltante (m)	lupič (m)	[lupɪtʃ]
extorquir (vt)	vydírat	[vɪdi:rat]
extorsionário (m)	vyděrač (m)	[vɪderatʃ]

extorsão (f)	vyděračství (s)	[vɪderatʃstvi:]
matar, assassinar (vt)	zabít	[zabi:t]
homicídio (m)	vražda (ž)	[vraʒda]
homicida, assassino (m)	vrah (m)	[vrax]

tiro (m)	výstřel (m)	[vi:strʃɛl]
dar um tiro	vystřelit	[vɪstrʒɛlɪt]
matar a tiro	zastřelit	[zastrʃɛlɪt]
disparar, atirar (vi)	střílet	[strʃi:lɛt]
tiroteio (m)	střelba (ž)	[strʃɛlba]

incidente (m)	nehoda (ž)	[nɛhoda]
briga (~ de rua)	rvačka (ž)	[rvatʃka]
Socorro!	Pomoc!	[pomoʦ]
vítima (f)	oběť (ž)	[obetʲ]

danificar (vt)	poškodit	[poʃkodɪt]
dano (m)	škoda (ž)	[ʃkoda]
cadáver (m)	mrtvola (ž)	[mrtvola]
grave (adj)	těžký	[teʃki:]

atacar (vt)	napadnout	[napadnout]
bater (espancar)	bít	[bi:t]
espancar (vt)	zbít	[zbi:t]
tirar, roubar (dinheiro)	odebrat	[odɛbrat]

esfaquear (vt)	zabít	[zabi:t]
mutilar (vt)	zmrzačit	[zmrzatʃɪt]
ferir (vt)	zranit	[zranɪt]

chantagem (f)	vyděračství (s)	[vɪderatʃstvi:]
chantagear (vt)	vydírat	[vɪdi:rat]
chantagista (m)	vyděrač (m)	[vɪderatʃ]

extorsão (f)	vyděračství (s)	[vɪderatʃstvi:]
extorsionário (m)	vyděrač (m)	[vɪderatʃ]
gângster (m)	gangster (m)	[gangstɛr]
máfia (f)	mafie (ž)	[mafɪe]

punguista (m)	kapsář (m)	[kapsa:rʃ]
assaltante, ladrão (m)	kasař (m)	[kasarʃ]
contrabando (m)	pašování (s)	[paʃova:ni:]
contrabandista (m)	pašerák (m)	[paʃɛra:k]

falsificação (f)	padělání (s)	[padela:ni:]
falsificar (vt)	padělat	[padelat]
falsificado (adj)	padělaný	[padelani:]

161. Violação da lei. Criminosos. Parte 2

estupro (m)	znásilnění (s)	[zna:sɪlneni:]
estuprar (vt)	znásilnit	[zna:sɪlnɪt]
estuprador (m)	násilník (m)	[na:sɪlni:k]
maníaco (m)	maniak (m)	[manɪak]

prostituta (f)	prostitutka (ž)	[prostɪtutka]
prostituição (f)	prostituce (ž)	[prostɪtutsɛ]
cafetão (m)	kuplíř (m)	[kupli:rʃ]
drogado (m)	narkoman (m)	[narkoman]
traficante (m)	drogový dealer (m)	[drogovi: di:lɛr]
explodir (vt)	vyhodit do povětří	[vɪhodɪt do povetrʃi:]
explosão (f)	výbuch (m)	[vi:bux]
incendiar (vt)	zapálit	[zapa:lɪt]
incendiário (m)	žhář (m)	[ʒha:rʃ]
terrorismo (m)	terorismus (m)	[tɛrorɪzmus]
terrorista (m)	terorista (m)	[tɛrorɪsta]
refém (m)	rukojmí (m)	[rukojmi:]
enganar (vt)	oklamat	[oklamat]
engano (m)	podvod (m)	[podvot]
vigarista (m)	podvodník (m)	[podvodni:k]
subornar (vt)	podplatit	[potplatɪt]
suborno (atividade)	podplácení (s)	[potpla:tsɛni:]
suborno (dinheiro)	úplatek (m)	[u:platɛk]
veneno (m)	jed (m)	[jɛt]
envenenar (vt)	otrávit	[otra:vɪt]
envenenar-se (vr)	otrávit se	[otra:vɪt sɛ]
suicídio (m)	sebevražda (ž)	[sɛbɛvraʒda]
suicida (m)	sebevrah (m)	[sɛbɛvrax]
ameaçar (vt)	vyhrožovat	[vɪhroʒovat]
ameaça (f)	vyhrůžka (ž)	[vɪhru:ʃka]
atentar contra a vida de ...	páchat atentát	[pa:xat atenta:t]
atentado (m)	atentát (m)	[atɛnta:t]
roubar (um carro)	unést	[unɛ:st]
sequestrar (um avião)	unést	[unɛ:st]
vingança (f)	pomsta (ž)	[pomsta]
vingar (vt)	mstít se	[msti:t sɛ]
torturar (vt)	mučit	[mutʃɪt]
tortura (f)	mučení (s)	[mutʃɛni:]
atormentar (vt)	trápit	[tra:pɪt]
pirata (m)	pirát (m)	[pɪra:t]
desordeiro (m)	chuligán (m)	[xulɪga:n]
armado (adj)	ozbrojený	[ozbrojɛni:]
violência (f)	násilí (s)	[na:sɪli:]
espionagem (f)	špionáž (ž)	[ʃpɪona:ʃ]
espionar (vi)	špehovat	[ʃpɛhovat]

162. Polícia. Lei. Parte 1

justiça (sistema de ~)	justice (ž)	[justitsɛ]
tribunal (m)	soud (m)	[sout]
juiz (m)	soudce (m)	[soudtsɛ]
jurados (m pl)	porotci (m mn)	[porottsɪ]
tribunal (m) do júri	porota (ž)	[porota]
julgar (vt)	soudit	[soudɪt]
advogado (m)	advokát (m)	[advoka:t]
réu (m)	obžalovaný (m)	[obʒalovani:]
banco (m) dos réus	lavice (ž) obžalovaných	[lavɪtsɛ obʒalovani:x]
acusação (f)	žaloba (ž)	[ʒaloba]
acusado (m)	obžalovaný (m)	[obʒalovani:]
sentença (f)	rozsudek (m)	[rozsudɛk]
sentenciar (vt)	odsoudit	[otsoudɪt]
culpado (m)	viník (m)	[vɪni:k]
punir (vt)	potrestat	[potrɛstat]
punição (f)	trest (m)	[trɛst]
multa (f)	pokuta (ž)	[pokuta]
prisão (f) perpétua	doživotní vězení (s)	[doʒɪvotni: vezɛni:]
pena (f) de morte	trest (m) smrti	[trɛst smrtɪ]
cadeira (f) elétrica	elektrické křeslo (s)	[ɛlɛktrɪtskɛ: krʃɛslo]
forca (f)	šibenice (ž)	[ʃɪbɛnɪtsɛ]
executar (vt)	popravit	[popravɪt]
execução (f)	poprava (ž)	[poprava]
prisão (f)	vězení (s)	[vezɛni:]
cela (f) de prisão	cela (ž)	[tsɛla]
escolta (f)	ozbrojený doprovod (m)	[ozbrojɛni: doprovot]
guarda (m) prisional	dozorce (m)	[dozortsɛ]
preso, prisioneiro (m)	vězeň (m)	[vezɛnʲ]
algemas (f pl)	pouta (s mn)	[pouta]
algemar (vt)	nasadit pouta	[nasadɪt pouta]
fuga, evasão (f)	útěk (m)	[u:tek]
fugir (vi)	uprchnout	[uprxnout]
desaparecer (vi)	zmizet	[zmɪzɛt]
soltar, libertar (vt)	propustit	[propustɪt]
anistia (f)	amnestie (ž)	[amnɛstɪe]
polícia (instituição)	policie (ž)	[polɪtsɪe]
polícia (m)	policista (m)	[polɪtsɪsta]
delegacia (f) de polícia	policejní stanice (ž)	[polɪtsɛjni: stanɪtsɛ]
cassetete (m)	gumový obušek (m)	[gumovi: obuʃɛk]
megafone (m)	hlásná trouba (ž)	[hla:sna: trouba]
carro (m) de patrulha	policejní vůz (m)	[polɪtsɛjni: vu:z]

sirene (f)	houkačka (ž)	[houkatʃka]
ligar a sirene	zapnout houkačku	[zapnout houkatʃku]
toque (m) da sirene	houkání (s)	[houka:ni:]

cena (f) do crime	místo (s) činu	[mi:sto tʃɪnu]
testemunha (f)	svědek (m)	[svedɛk]
liberdade (f)	svoboda (ž)	[svoboda]
cúmplice (m)	spolupachatel (m)	[spolupaxatɛl]
escapar (vi)	zmizet	[zmɪzɛt]
traço (não deixar ~s)	stopa (ž)	[stopa]

163. Polícia. Lei. Parte 2

procura (f)	pátrání (s)	[pa:tra:ni:]
procurar (vt)	pátrat	[pa:trat]
suspeita (f)	podezření (s)	[podɛzrʒɛni:]
suspeito (adj)	podezřelý	[podɛzrʒɛli:]
parar (veículo, etc.)	zastavit	[zastavɪt]
deter (fazer parar)	zadržet	[zadrʒet]

caso (~ criminal)	případ (m)	[prʃi:pat]
investigação (f)	vyšetřování (s)	[vɪʃetrʃova:ni:]
detetive (m)	detektiv (m)	[dɛtɛktɪf]
investigador (m)	vyšetřovatel (m)	[vɪʃetrʃovatɛl]
versão (f)	verze (ž)	[vɛrzɛ]

motivo (m)	motiv (m)	[motɪf]
interrogatório (m)	výslech (m)	[vi:slɛx]
interrogar (vt)	vyslýchat	[vɪsli:xat]
questionar (vt)	vyslýchat	[vɪsli:xat]
verificação (f)	kontrola (ž)	[kontrola]

batida (f) policial	zátah (m)	[za:tax]
busca (f)	prohlídka (ž)	[prohli:tka]
perseguição (f)	stíhání (s)	[sti:ha:ni:]
perseguir (vt)	pronásledovat	[prona:slɛdovat]
seguir, rastrear (vt)	sledovat	[slɛdovat]

prisão (f)	zatčení (s)	[zatʃɛni:]
prender (vt)	zatknout	[zatknout]
pegar, capturar (vt)	chytit	[xɪtɪt]
captura (f)	chycení (s)	[xɪtsɛni:]

documento (m)	dokument (m)	[dokumɛnt]
prova (f)	důkaz (m)	[du:kaz]
provar (vt)	dokazovat	[dokazovat]
pegada (f)	stopa (ž)	[stopa]
impressões (f pl) digitais	otisky (m mn) prstů	[otɪskɪ prstu:]
prova (f)	důkaz (m)	[du:kaz]

álibi (m)	alibi (s)	[alɪbɪ]
inocente (adj)	nevinný	[nɛvɪnni:]
injustiça (f)	nespravedlivost (ž)	[nɛspravɛdlɪvost]
injusto (adj)	nespravedlivý	[nɛspra:vɛdlɪvi:]

151

criminal (adj)	kriminální	[krɪmɪna:lni:]
confiscar (vt)	konfiskovat	[konfɪskovat]
droga (f)	droga (ž)	[droga]
arma (f)	zbraň (ž)	[zbranʲ]
desarmar (vt)	odzbrojit	[odzbrojɪt]
ordenar (vt)	rozkazovat	[roskazovat]
desaparecer (vi)	zmizet	[zmɪzɛt]

lei (f)	zákon (m)	[za:kon]
legal (adj)	zákonný	[za:konni:]
ilegal (adj)	nezákonný	[nɛza:konni:]

| responsabilidade (f) | odpovědnost (ž) | [otpovednost] |
| responsável (adj) | odpovědný | [otpovedni:] |

NATUREZA

A Terra. Parte 1

164. Espaço sideral

espaço, cosmo (m)	kosmos (m)	[kosmos]
espacial, cósmico (adj)	kosmický	[kosmɪtski:]
espaço (m) cósmico	kosmický prostor (m)	[kosmɪtski: prostor]
mundo, universo (m)	vesmír (m)	[vɛsmi:r]
galáxia (f)	galaxie (ž)	[galaksɪe]
estrela (f)	hvězda (ž)	[hvezda]
constelação (f)	souhvězdí (s)	[souhvezdi:]
planeta (m)	planeta (ž)	[planɛta]
satélite (m)	družice (ž)	[druʒɪtsɛ]
meteorito (m)	meteorit (m)	[mɛtɛorɪt]
cometa (m)	kometa (ž)	[komɛta]
asteroide (m)	asteroid (m)	[astɛroɪt]
órbita (f)	oběžná dráha (ž)	[obeʒna: dra:ha]
girar (vi)	otáčet se	[ota:ʧɛt sɛ]
atmosfera (f)	atmosféra (ž)	[atmosfɛ:ra]
Sol (m)	Slunce (s)	[sluntsɛ]
Sistema (m) Solar	sluneční soustava (ž)	[slunɛʧni: soustava]
eclipse (m) solar	sluneční zatmění (s)	[slunɛʧni: zatmneni:]
Terra (f)	Země (ž)	[zɛmnɛ]
Lua (f)	Měsíc (m)	[mnesi:ts]
Marte (m)	Mars (m)	[mars]
Vênus (f)	Venuše (ž)	[vɛnuʃɛ]
Júpiter (m)	Jupiter (m)	[jupɪtɛr]
Saturno (m)	Saturn (m)	[saturn]
Mercúrio (m)	Merkur (m)	[mɛrkur]
Urano (m)	Uran (m)	[uran]
Netuno (m)	Neptun (m)	[nɛptun]
Plutão (m)	Pluto (s)	[pluto]
Via Láctea (f)	Mléčná dráha (ž)	[mlɛ:ʧna: dra:ha]
Ursa Maior (f)	Velká medvědice (ž)	[vɛlka: mɛdvedɪtsɛ]
Estrela Polar (f)	Polárka (ž)	[pola:rka]
marciano (m)	Marťan (m)	[martian]
extraterrestre (m)	mimozemšťan (m)	[mɪmozɛmʃtian]

| alienígena (m) | vetřelec (m) | [vɛtrʃɛlɛts] |
| disco (m) voador | létající talíř (m) | [lɛ:taji:tsi: tali:rʃ] |

espaçonave (f)	kosmická loď (ž)	[kosmɪtska: loti]
estação (f) orbital	orbitální stanice (ž)	[orbɪta:lni: stanɪtsɛ]
lançamento (m)	start (m)	[start]

motor (m)	motor (m)	[motor]
bocal (m)	tryska (ž)	[trɪska]
combustível (m)	palivo (s)	[palɪvo]

cabine (f)	kabina (ž)	[kabɪna]
antena (f)	anténa (ž)	[antɛ:na]
vigia (f)	okénko (s)	[okɛ:ŋko]
bateria (f) solar	sluneční baterie (ž)	[slunɛtʃni: batɛrɪe]
traje (m) espacial	skafandr (m)	[skafandr]

| imponderabilidade (f) | beztížný stav (m) | [bɛzti:ʒni: staf] |
| oxigênio (m) | kyslík (m) | [kɪsli:k] |

| acoplagem (f) | spojení (s) | [spojɛni:] |
| fazer uma acoplagem | spojovat se | [spojovat sɛ] |

observatório (m)	observatoř (ž)	[opsɛrvatorʃ]
telescópio (m)	teleskop (m)	[tɛlɛskop]
observar (vt)	pozorovat	[pozorovat]
explorar (vt)	zkoumat	[skoumat]

165. A Terra

Terra (f)	Země (ž)	[zɛmnɛ]
globo terrestre (Terra)	zeměkoule (ž)	[zɛmnekoulɛ]
planeta (m)	planeta (ž)	[planɛta]

atmosfera (f)	atmosféra (ž)	[atmosfɛ:ra]
geografia (f)	zeměpis (m)	[zɛmnepɪs]
natureza (f)	příroda (ž)	[prʃi:roda]

globo (mapa esférico)	glóbus (m)	[glo:bus]
mapa (m)	mapa (ž)	[mapa]
atlas (m)	atlas (m)	[atlas]

| Europa (f) | Evropa (ž) | [ɛvropa] |
| Ásia (f) | Asie (ž) | [azɪe] |

| África (f) | Afrika (ž) | [afrɪka] |
| Austrália (f) | Austrálie (ž) | [austra:lɪe] |

América (f)	Amerika (ž)	[amɛrɪka]
América (f) do Norte	Severní Amerika (ž)	[sɛverni: amɛrɪka]
América (f) do Sul	Jižní Amerika (ž)	[jɪʒni: amɛrɪka]

| Antártida (f) | Antarktida (ž) | [antarkti:da] |
| Ártico (m) | Arktida (ž) | [arktɪda] |

166. Pontos cardeais

norte (m)	sever (m)	[sɛvɛr]
para norte	na sever	[na sɛvɛr]
no norte	na severu	[na sɛvɛru]
do norte (adj)	severní	[sɛvɛrni:]
sul (m)	jih (m)	[jɪx]
para sul	na jih	[na jɪx]
no sul	na jihu	[na jɪhu]
do sul (adj)	jižní	[jɪʒni:]
oeste, ocidente (m)	západ (m)	[za:pat]
para oeste	na západ	[na za:pat]
no oeste	na západě	[na za:pade]
ocidental (adj)	západní	[za:padni:]
este, oriente (m)	východ (m)	[vi:xot]
para leste	na východ	[na vi:xot]
no leste	na východě	[na vi:xode]
oriental (adj)	východní	[vi:xodni:]

167. Mar. Oceano

mar (m)	moře (s)	[morʒɛ]
oceano (m)	oceán (m)	[otsɛa:n]
golfo (m)	záliv (m)	[za:lɪf]
estreito (m)	průliv (m)	[pru:lɪf]
continente (m)	pevnina (ž)	[pɛvnɪna]
ilha (f)	ostrov (m)	[ostrof]
península (f)	poloostrov (m)	[poloostrof]
arquipélago (m)	souostroví (s)	[souostrovi:]
baía (f)	zátoka (ž)	[za:toka]
porto (m)	přístav (m)	[prʃi:staf]
lagoa (f)	laguna (ž)	[lagu:na]
cabo (m)	mys (m)	[mɪs]
atol (m)	atol (m)	[atol]
recife (m)	útes (m)	[u:tɛs]
coral (m)	korál (m)	[kora:l]
recife (m) de coral	korálový útes (m)	[kora:lovi: u:tɛs]
profundo (adj)	hluboký	[hluboki:]
profundidade (f)	hloubka (ž)	[hloupka]
abismo (m)	hlubina (ž)	[hlubɪna]
fossa (f) oceânica	prohlubeň (ž)	[prohlubɛnʲ]
corrente (f)	proud (m)	[prout]
banhar (vt)	omývat	[omi:vat]
litoral (m)	břeh (m)	[brʒɛx]
costa (f)	pobřeží (s)	[pobrʒɛʒi:]

maré (f) alta	příliv (m)	[prʃi:lɪf]
refluxo (m)	odliv (m)	[odlɪf]
restinga (f)	mělčina (ž)	[mneltʃɪna]
fundo (m)	dno (s)	[dno]
onda (f)	vlna (ž)	[vlna]
crista (f) da onda	hřbet (m) vlny	[hrʒbɛt vlnɪ]
espuma (f)	pěna (ž)	[pena]
tempestade (f)	bouřka (ž)	[bourʃka]
furacão (m)	hurikán (m)	[hurɪka:n]
tsunami (m)	tsunami (s)	[tsunamɪ]
calmaria (f)	bezvětří (s)	[bɛzvetrʃi:]
calmo (adj)	klidný	[klɪdni:]
polo (m)	pól (m)	[po:l]
polar (adj)	polární	[pola:rni:]
latitude (f)	šířka (ž)	[ʃi:rʃka]
longitude (f)	délka (ž)	[dɛ:lka]
paralela (f)	rovnoběžka (ž)	[rovnobeʃka]
equador (m)	rovník (m)	[rovni:k]
céu (m)	obloha (ž)	[obloha]
horizonte (m)	horizont (m)	[horɪzont]
ar (m)	vzduch (m)	[vzdux]
farol (m)	maják (m)	[maja:k]
mergulhar (vi)	potápět se	[pota:pet sɛ]
afundar-se (vr)	potopit se	[potopɪt sɛ]
tesouros (m pl)	bohatství (s)	[bohatstvi:]

168. Montanhas

montanha (f)	hora (ž)	[hora]
cordilheira (f)	horské pásmo (s)	[horskɛ: pa:smo]
serra (f)	horský hřbet (m)	[horski: hrʒbɛt]
cume (m)	vrchol (m)	[vrxol]
pico (m)	štít (m)	[ʃti:t]
pé (m)	úpatí (s)	[u:pati:]
declive (m)	svah (m)	[svax]
vulcão (m)	sopka (ž)	[sopka]
vulcão (m) ativo	činná sopka (ž)	[tʃɪnna: sopka]
vulcão (m) extinto	vyhaslá sopka (ž)	[vɪhasla: sopka]
erupção (f)	výbuch (m)	[vi:bux]
cratera (f)	kráter (m)	[kra:tɛr]
magma (m)	magma (ž)	[magma]
lava (f)	láva (ž)	[la:va]
fundido (lava ~a)	rozžhavený	[rozʒhavɛni:]
cânion, desfiladeiro (m)	kaňon (m)	[kanʲon]
garganta (f)	soutěska (ž)	[souteska]

fenda (f)	rozsedlina (ž)	[rozsɛdlɪna]
passo, colo (m)	průsmyk (m)	[pru:smɪk]
planalto (m)	plató (s)	[plato:]
falésia (f)	skála (ž)	[ska:la]
colina (f)	kopec (m)	[kopɛʦ]

geleira (f)	ledovec (m)	[lɛdovɛʦ]
cachoeira (f)	vodopád (m)	[vodopa:t]
gêiser (m)	vřídlo (s)	[vrʒi:dlo]
lago (m)	jezero (s)	[jɛzɛro]

planície (f)	rovina (ž)	[rovɪna]
paisagem (f)	krajina (ž)	[krajɪna]
eco (m)	ozvěna (ž)	[ozvena]

alpinista (m)	horolezec (m)	[horolɛzɛʦ]
escalador (m)	horolezec (m)	[horolɛzɛʦ]
conquistar (vt)	dobývat	[dobi:vat]
subida, escalada (f)	výstup (m)	[vi:stup]

169. Rios

rio (m)	řeka (ž)	[rʒɛka]
fonte, nascente (f)	pramen (m)	[pramɛn]
leito (m) de rio	koryto (s)	[korɪto]
bacia (f)	povodí (s)	[povodi:]
desaguar no ...	vlévat se	[vlɛ:vat sɛ]

| afluente (m) | přítok (m) | [prʃi:tok] |
| margem (do rio) | břeh (m) | [brʒɛx] |

corrente (f)	proud (m)	[prout]
rio abaixo	po proudu	[po proudu]
rio acima	proti proudu	[protɪ proudu]

inundação (f)	povodeň (ž)	[povodɛnʲ]
cheia (f)	záplava (ž)	[za:plava]
transbordar (vi)	rozlévat se	[rozlɛ:vat sɛ]
inundar (vt)	zaplavovat	[zaplavovat]

| banco (m) de areia | mělčina (ž) | [mnelʧɪna] |
| corredeira (f) | peřej (ž) | [pɛrʒɛj] |

barragem (f)	přehrada (ž)	[prʃɛhrada]
canal (m)	průplav (m)	[pru:plaf]
reservatório (m) de água	vodní nádrž (ž)	[vodni: na:drʃ]
eclusa (f)	zdymadlo (s)	[zdɪmadlo]

corpo (m) de água	vodojem (m)	[vodojɛm]
pântano (m)	bažina (ž)	[baʒɪna]
lamaçal (m)	slať (ž)	[slatʲ]
redemoinho (m)	vír (m)	[vi:r]
riacho (m)	potok (m)	[potok]
potável (adj)	pitný	[pɪtni:]

doce (água)	sladký	[slatki:]
gelo (m)	led (m)	[lɛt]
congelar-se (vr)	zamrznout	[zamrznout]

170. Floresta

| floresta (f), bosque (m) | les (m) | [lɛs] |
| florestal (adj) | lesní | [lɛsni:] |

mata (f) fechada	houština (ž)	[houʃtɪna]
arvoredo (m)	háj (m)	[ha:j]
clareira (f)	mýtina (ž)	[mi:tɪna]

| matagal (m) | houští (s) | [houʃti:] |
| mato (m), caatinga (f) | křoví (s) | [krʃovi:] |

| pequena trilha (f) | stezka (ž) | [stɛska] |
| ravina (f) | rokle (ž) | [roklɛ] |

árvore (f)	strom (m)	[strom]
folha (f)	list (m)	[lɪst]
folhagem (f)	listí (s)	[lɪsti:]

queda (f) das folhas	padání (s) listí	[pada:ni: lɪsti:]
cair (vi)	opadávat	[opada:vat]
topo (m)	vrchol (m)	[vrxol]

ramo (m)	větev (ž)	[vetɛf]
galho (m)	suk (m)	[suk]
botão (m)	pupen (m)	[pupɛn]
agulha (f)	jehla (ž)	[jɛhla]
pinha (f)	šiška (ž)	[ʃɪʃka]

buraco (m) de árvore	dutina (ž)	[dutɪna]
ninho (m)	hnízdo (s)	[hni:zdo]
toca (f)	doupě (s)	[doupe]

tronco (m)	kmen (m)	[kmɛn]
raiz (f)	kořen (m)	[korʒɛn]
casca (f) de árvore	kůra (ž)	[ku:ra]
musgo (m)	mech (m)	[mɛx]

arrancar pela raiz	klučit	[klutʃɪt]
cortar (vt)	kácet	[ka:tsɛt]
desflorestar (vt)	odlesnit	[odlesnɪt]
toco, cepo (m)	pařez (m)	[parʒɛz]

fogueira (f)	oheň (m)	[ohɛnʲ]
incêndio (m) florestal	požár (m)	[poʒa:r]
apagar (vt)	hasit	[hasɪt]

guarda-parque (m)	hajný (m)	[hajni:]
proteção (f)	ochrana (ž)	[oxrana]
proteger (a natureza)	chránit	[xra:nɪt]

| caçador (m) furtivo | pytlák (m) | [pɪtlaːk] |
| armadilha (f) | past (ž) | [past] |

| colher (cogumelos, bagas) | sbírat | [zbiːrat] |
| perder-se (vr) | zabloudit | [zabloudɪt] |

171. Recursos naturais

recursos (m pl) naturais	přírodní zdroje (m mn)	[prʃiːrodni: zdrojɛ]
minerais (m pl)	užitkové nerosty (m mn)	[uʒɪtkovɛː nɛrostɪ]
depósitos (m pl)	ložisko (s)	[loʒɪsko]
jazida (f)	naleziště (s)	[nalezɪʃte]

extrair (vt)	dobývat	[dobiːvat]
extração (f)	těžba (ž)	[teʒba]
minério (m)	ruda (ž)	[ruda]
mina (f)	důl (m)	[duːl]
poço (m) de mina	šachta (ž)	[ʃaxta]
mineiro (m)	horník (m)	[horniːk]

| gás (m) | plyn (m) | [plɪn] |
| gasoduto (m) | plynovod (m) | [plɪnovot] |

petróleo (m)	ropa (ž)	[ropa]
oleoduto (m)	ropovod (m)	[ropovot]
poço (m) de petróleo	ropová věž (ž)	[ropovaː veʃ]
torre (f) petrolífera	vrtná věž (ž)	[vrtna: veʃ]
petroleiro (m)	tanková loď (ž)	[taŋkovaː lotʲ]

areia (f)	písek (m)	[piːsɛk]
calcário (m)	vápenec (m)	[vaːpɛnɛts]
cascalho (m)	štěrk (m)	[ʃterk]
turfa (f)	rašelina (ž)	[raʃɛlɪna]
argila (f)	hlína (ž)	[hliːna]
carvão (m)	uhlí (s)	[uhliː]

ferro (m)	železo (s)	[ʒelɛzo]
ouro (m)	zlato (s)	[zlato]
prata (f)	stříbro (s)	[strʃiːbro]
níquel (m)	nikl (m)	[nɪkl]
cobre (m)	měď (ž)	[mnetʲ]

zinco (m)	zinek (m)	[zɪnɛk]
manganês (m)	mangan (m)	[mangan]
mercúrio (m)	rtuť (ž)	[rtutʲ]
chumbo (m)	olovo (s)	[olovo]

mineral (m)	minerál (m)	[mɪnɛraːl]
cristal (m)	krystal (m)	[krɪstal]
mármore (m)	mramor (m)	[mramor]
urânio (m)	uran (m)	[uran]

A Terra. Parte 2

172. Tempo

tempo (m)	počasí (s)	[potʃasi:]
previsão (f) do tempo	předpověď (ž) počasí	[prʃɛtpovetⁱ potʃasi:]
temperatura (f)	teplota (ž)	[tɛplota]
termômetro (m)	teploměr (m)	[tɛplomner]
barômetro (m)	barometr (m)	[baromɛtr]

umidade (f)	vlhkost (ž)	[vlxkost]
calor (m)	horko (s)	[horko]
tórrido (adj)	horký	[horki:]
está muito calor	horko	[horko]

está calor	teplo	[tɛplo]
quente (morno)	teplý	[tɛpli:]

está frio	je zima	[jɛ zɪma]
frio (adj)	studený	[studɛni:]

sol (m)	slunce (s)	[sluntsɛ]
brilhar (vi)	svítit	[svi:tɪt]
de sol, ensolarado	slunečný	[slunɛtʃni:]
nascer (vi)	vzejít	[vzɛji:t]
pôr-se (vr)	zapadnout	[zapadnout]

nuvem (f)	mrak (m)	[mrak]
nublado (adj)	oblačný	[oblatʃni:]

nuvem (f) preta	mračno (s)	[mratʃno]
escuro, cinzento (adj)	pochmurný	[poxmurni:]

chuva (f)	déšť (m)	[dɛ:ʃtⁱ]
está a chover	prší	[prʃi:]

chuvoso (adj)	deštivý	[dɛʃtɪvi:]
chuviscar (vi)	mrholit	[mrholɪt]

chuva (f) torrencial	liják (m)	[lɪja:k]
aguaceiro (m)	liják (m)	[lɪja:k]
forte (chuva, etc.)	silný	[sɪlni:]

poça (f)	kaluž (ž)	[kaluʃ]
molhar-se (vr)	moknout	[moknout]

nevoeiro (m)	mlha (ž)	[mlha]
de nevoeiro	mlhavý	[mlhavi:]
neve (f)	sníh (m)	[sni:x]
está nevando	sněží	[snɛʒi:]

173. Tempo extremo. Catástrofes naturais

trovoada (f)	bouřka (ž)	[bourʃka]
relâmpago (m)	blesk (m)	[blɛsk]
relampejar (vi)	blýskat se	[bliːskat sɛ]
trovão (m)	hřmění (s)	[hrʒmneniː]
trovejar (vi)	hřmít	[hrʒmiːt]
está trovejando	hřmí	[hrʒmiː]
granizo (m)	kroupy (ž mn)	[kroupɪ]
está caindo granizo	padají kroupy	[padajiː kroupɪ]
inundar (vt)	zaplavit	[zaplavɪt]
inundação (f)	povodeň (ž)	[povodɛnʲ]
terremoto (m)	zemětřesení (s)	[zɛmnetrʃɛsɛniː]
abalo, tremor (m)	otřes (m)	[otrʃɛs]
epicentro (m)	epicentrum (s)	[ɛpɪtsɛntrum]
erupção (f)	výbuch (m)	[viːbux]
lava (f)	láva (ž)	[laːva]
tornado (m)	smršť (ž)	[smrʃtʲ]
tornado (m)	tornádo (s)	[tornaːdo]
tufão (m)	tajfun (m)	[tajfun]
furacão (m)	hurikán (m)	[hurɪkaːn]
tempestade (f)	bouřka (ž)	[bourʃka]
tsunami (m)	tsunami (s)	[tsunamɪ]
ciclone (m)	cyklón (m)	[tsikloːn]
mau tempo (m)	nečas (m)	[nɛtʃas]
incêndio (m)	požár (m)	[poʒaːr]
catástrofe (f)	katastrofa (ž)	[katastrofa]
meteorito (m)	meteorit (m)	[mɛtɛorɪt]
avalanche (f)	lavina (ž)	[lavɪna]
deslizamento (m) de neve	lavina (ž)	[lavɪna]
nevasca (f)	metelice (ž)	[mɛtɛlɪtsɛ]
tempestade (f) de neve	vánice (ž)	[vaːnɪtsɛ]

Fauna

174. Mamíferos. Predadores

predador (m)	šelma (ž)	[ʃɛlma]
tigre (m)	tygr (m)	[tɪgr]
leão (m)	lev (m)	[lɛf]
lobo (m)	vlk (m)	[vlk]
raposa (f)	liška (ž)	[lɪʃka]
jaguar (m)	jaguár (m)	[jaguaːr]
leopardo (m)	levhart (m)	[lɛvhart]
chita (f)	gepard (m)	[gɛpart]
pantera (f)	panter (m)	[pantɛr]
puma (m)	puma (ž)	[puma]
leopardo-das-neves (m)	pardál (m)	[pardaːl]
lince (m)	rys (m)	[rɪs]
coiote (m)	kojot (m)	[kojot]
chacal (m)	šakal (m)	[ʃakal]
hiena (f)	hyena (ž)	[hɪena]

175. Animais selvagens

animal (m)	zvíře (s)	[zviːrʒɛ]
besta (f)	zvíře (s)	[zviːrʒɛ]
esquilo (m)	veverka (ž)	[vɛvɛrka]
ouriço (m)	ježek (m)	[jɛʒek]
lebre (f)	zajíc (m)	[zajiːts]
coelho (m)	králík (m)	[kraːliːk]
texugo (m)	jezevec (m)	[jɛzɛvɛts]
guaxinim (m)	mýval (m)	[miːval]
hamster (m)	křeček (m)	[krʃɛtʃek]
marmota (f)	svišť (m)	[svɪʃtʲ]
toupeira (f)	krtek (m)	[krtɛk]
rato (m)	myš (ž)	[mɪʃ]
ratazana (f)	krysa (ž)	[krɪsa]
morcego (m)	netopýr (m)	[nɛtopiːr]
arminho (m)	hranostaj (m)	[hranostaj]
zibelina (f)	sobol (m)	[sobol]
marta (f)	kuna (ž)	[kuna]
doninha (f)	lasice (ž)	[lasɪtsɛ]
visom (m)	norek (m)	[norɛk]

castor (m)	bobr (m)	[bobr]
lontra (f)	vydra (ž)	[vɪdra]
cavalo (m)	kůň (m)	[kuːnʲ]
alce (m)	los (m)	[los]
veado (m)	jelen (m)	[jɛlɛn]
camelo (m)	velbloud (m)	[vɛlblout]
bisão (m)	bizon (m)	[bɪzon]
auroque (m)	zubr (m)	[zubr]
búfalo (m)	buvol (m)	[buvol]
zebra (f)	zebra (ž)	[zɛbra]
antílope (m)	antilopa (ž)	[antɪlopa]
corça (f)	srnka (ž)	[srŋka]
gamo (m)	daněk (m)	[danek]
camurça (f)	kamzík (m)	[kamziːk]
javali (m)	vepř (m)	[vɛprʃ]
baleia (f)	velryba (ž)	[vɛlrɪba]
foca (f)	tuleň (m)	[tulɛnʲ]
morsa (f)	mrož (m)	[mroʃ]
urso-marinho (m)	lachtan (m)	[laxtan]
golfinho (m)	delfín (m)	[dɛlfiːn]
urso (m)	medvěd (m)	[mɛdvet]
urso (m) polar	bílý medvěd (m)	[biːli mɛdvet]
panda (m)	panda (ž)	[panda]
macaco (m)	opice (ž)	[opɪtsɛ]
chimpanzé (m)	šimpanz (m)	[ʃɪmpanz]
orangotango (m)	orangutan (m)	[orangutan]
gorila (m)	gorila (ž)	[gorɪla]
macaco (m)	makak (m)	[makak]
gibão (m)	gibon (m)	[gɪbon]
elefante (m)	slon (m)	[slon]
rinoceronte (m)	nosorožec (m)	[nosoroʒets]
girafa (f)	žirafa (ž)	[ʒɪrafa]
hipopótamo (m)	hroch (m)	[hrox]
canguru (m)	klokan (m)	[klokan]
coala (m)	koala (ž)	[koala]
mangusto (m)	promyka (ž) indická	[promɪka ɪndɪtska:]
chinchila (f)	činčila (ž)	[tʃɪntʃɪla]
cangambá (f)	skunk (m)	[skuŋk]
porco-espinho (m)	dikobraz (m)	[dɪkobras]

176. Animais domésticos

gata (f)	kočka (ž)	[kotʃka]
gato (m) macho	kocour (m)	[kotsour]
cão (m)	pes (m)	[pɛs]

cavalo (m)	kůň (m)	[ku:nʲ]
garanhão (m)	hřebec (m)	[hrʒɛbɛʦ]
égua (f)	kobyla (ž)	[kobɪla]
vaca (f)	kráva (ž)	[kra:va]
touro (m)	býk (m)	[bi:k]
boi (m)	vůl (m)	[vu:l]
ovelha (f)	ovce (ž)	[ovʦɛ]
carneiro (m)	beran (m)	[bɛran]
cabra (f)	koza (ž)	[koza]
bode (m)	kozel (m)	[kozɛl]
burro (m)	osel (m)	[osɛl]
mula (f)	mul (m)	[mul]
porco (m)	prase (s)	[prasɛ]
leitão (m)	prasátko (s)	[prasa:tko]
coelho (m)	králík (m)	[kra:li:k]
galinha (f)	slepice (ž)	[slɛpɪʦɛ]
galo (m)	kohout (m)	[kohout]
pata (f), pato (m)	kachna (ž)	[kaxna]
pato (m)	kačer (m)	[katʃɛr]
ganso (m)	husa (ž)	[husa]
peru (m)	krocan (m)	[kroʦan]
perua (f)	krůta (ž)	[kru:ta]
animais (m pl) domésticos	domácí zvířata (s mn)	[doma:ʦi: zvi:rʒata]
domesticado (adj)	ochočený	[oxotʃɛni:]
domesticar (vt)	ochočovat	[oxotʃovat]
criar (vt)	chovat	[xovat]
fazenda (f)	farma (ž)	[farma]
aves (f pl) domésticas	drůbež (ž)	[dru:bɛʃ]
gado (m)	dobytek (m)	[dobɪtɛk]
rebanho (m), manada (f)	stádo (s)	[sta:do]
estábulo (m)	stáj (ž)	[sta:j]
chiqueiro (m)	vepřín (m)	[vɛprʃi:n]
estábulo (m)	kravín (m)	[kravi:n]
coelheira (f)	králíkárna (ž)	[kra:li:ka:rna]
galinheiro (m)	kurník (m)	[kurni:k]

177. Cães. Raças de cães

cão (m)	pes (m)	[pɛs]
cão pastor (m)	vlčák (m)	[vltʃa:k]
poodle (m)	pudl (m)	[pudl]
linguicinha (m)	jezevčík (m)	[ezɛvtʃi:k]
buldogue (m)	buldok (m)	[buldok]
boxer (m)	boxer (m)	[boksɛr]

mastim (m)	mastif (m)	[mastɪf]
rottweiler (m)	rotvajler (m)	[rotvajlɛr]
dóberman (m)	dobrman (m)	[dobrman]

basset (m)	basset (m)	[basɛt]
pastor inglês (m)	bobtail (m)	[bobtɛjl]
dálmata (m)	dalmatin (m)	[dalmatɪn]
cocker spaniel (m)	kokršpaněl (m)	[kokrʃpanel]

terra-nova (m)	novofoundlandský pes (m)	[novofaundlɛndski: pɛs]
são-bernardo (m)	bernardýn (m)	[bɛrnardi:n]

husky (m) siberiano	husky (m)	[haskɪ]
Chow-chow (m)	Čau-čau (m)	[tʃau-tʃau]
spitz alemão (m)	špic (m)	[ʃpɪts]
pug (m)	mopsl (m)	[mopsl]

178. Sons produzidos pelos animais

latido (m)	štěkot (m)	[ʃtekot]
latir (vi)	štěkat	[ʃtekat]
miar (vi)	mňoukat	[mnʲoukat]
ronronar (vi)	mručet	[mrutʃɛt]

mugir (vaca)	bučet	[butʃɛt]
bramir (touro)	řvát	[rʒva:t]
rosnar (vi)	vrčet	[vrtʃɛt]

uivo (m)	vytí (s)	[vɪti:]
uivar (vi)	výt	[vi:t]
ganir (vi)	skučet	[skutʃɛt]

ɔalir (vi)	blekotat	[blɛkotat]
grunhir (vi)	chrochtat	[xroxtat]
guinchar (vi)	vřískat	[vrʒi:skat]

ɔoaxar (sapo)	kuňkat	[kunʲkat]
zumbir (inseto)	bzučet	[bzutʃɛt]
ziziar (vi)	cvrčet	[tsvrtʃɛt]

179. Pássaros

pássaro (m), ave (f)	pták (m)	[pta:k]
pombo (m)	holub (m)	[holup]
pardal (m)	vrabec (m)	[vrabɛts]
chapim-real (m)	sýkora (ž)	[si:kora]
pega-rabuda (f)	straka (ž)	[straka]

corvo (m)	havran (m)	[havran]
gralha-cinzenta (f)	vrána (ž)	[vra:na]
gralha-de-nuca-cinzenta (f)	kavka (ž)	[kafka]
gralha-calva (f)	polní havran (m)	[polni: havran]

pato (m)	kachna (ž)	[kaxna]
ganso (m)	husa (ž)	[husa]
faisão (m)	bažant (m)	[baʒant]

águia (f)	orel (m)	[orɛl]
açor (m)	jestřáb (m)	[jɛstrʃaːp]
falcão (m)	sokol (m)	[sokol]
abutre (m)	sup (m)	[sup]
condor (m)	kondor (m)	[kondor]

cisne (m)	labuť (ž)	[labutʲ]
grou (m)	jeřáb (m)	[jɛrʒaːp]
cegonha (f)	čáp (m)	[tʃaːp]
papagaio (m)	papoušek (m)	[papouʃɛk]
beija-flor (m)	kolibřík (m)	[kolɪbrʒiːk]
pavão (m)	páv (m)	[paːf]

avestruz (m)	pštros (m)	[pʃtros]
garça (f)	volavka (ž)	[volafka]
flamingo (m)	plameňák (m)	[plamɛnʲaːk]
pelicano (m)	pelikán (m)	[pɛlɪkaːn]

rouxinol (m)	slavík (m)	[slaviːk]
andorinha (f)	vlaštovka (ž)	[vlaʃtofka]
tordo-zornal (m)	drozd (m)	[drozt]
tordo-músico (m)	zpěvný drozd (m)	[spevniː drozt]
melro-preto (m)	kos (m)	[kos]

andorinhão (m)	rorejs (m)	[rorɛjs]
cotovia (f)	skřivan (m)	[skrʃɪvan]
codorna (f)	křepel (m)	[krʃɛpɛl]

pica-pau (m)	datel (m)	[datɛl]
cuco (m)	kukačka (ž)	[kukatʃka]
coruja (f)	sova (ž)	[sova]
bufo-real (m)	výr (m)	[viːr]
tetraz-grande (m)	tetřev (m) hlušec	[tɛtrʃɛv hluʃɛts]
tetraz-lira (m)	tetřev (m)	[tɛtrʃɛf]
perdiz-cinzenta (f)	koroptev (ž)	[koroptɛf]

estorninho (m)	špaček (m)	[ʃpatʃɛk]
canário (m)	kanár (m)	[kanaːr]
galinha-do-mato (f)	jeřábek (m)	[jɛrʒaːbɛk]
tentilhão (m)	pěnkava (ž)	[peŋkava]
dom-fafe (m)	hejl (m)	[hɛjl]

gaivota (f)	racek (m)	[ratsɛk]
albatroz (m)	albatros (m)	[albatros]
pinguim (m)	tučňák (m)	[tutʃnʲaːk]

180. Pássaros. Canto e sons

cantar (vi)	zpívat	[spiːvat]
gritar, chamar (vi)	křičet	[krʃɪtʃɛt]

| cantar (o galo) | kokrhat | [kokrhat] |
| cocorocó (m) | kykyryký | [kɪkɪrɪki:] |

cacarejar (vi)	kdákat	[gda:kat]
crocitar (vi)	krákat	[kra:kat]
grasnar (vi)	káchat	[ka:xat]
piar (vi)	kvičet	[kvɪtʃɛt]
chilrear, gorjear (vi)	cvrlikat	[tsvrlɪkat]

181. Peixes. Animais marinhos

brema (f)	cejn (m)	[tsɛjn]
carpa (f)	kapr (m)	[kapr]
perca (f)	okoun (m)	[okoun]
siluro (m)	sumec (m)	[sumɛts]
lúcio (m)	štika (ž)	[ʃtɪka]

| salmão (m) | losos (m) | [losos] |
| esturjão (m) | jeseter (m) | [jɛsɛtɛr] |

| arenque (m) | sleď (ž) | [slɛtʲ] |
| salmão (m) do Atlântico | losos (m) | [losos] |

| cavala, sarda (f) | makrela (ž) | [makrɛla] |
| solha (f), linguado (m) | platýs (m) | [plati:s] |

| lúcio perca (m) | candát (m) | [tsanda:t] |
| bacalhau (m) | treska (ž) | [trɛska] |

| atum (m) | tuňák (m) | [tunʲa:k] |
| truta (f) | pstruh (m) | [pstrux] |

| enguia (f) | úhoř (m) | [u:horʃ] |
| raia (f) elétrica | rejnok (m) elektrický | [rɛjnok ɛlɛktrɪtski:] |

| moreia (f) | muréna (ž) | [murɛ:na] |
| piranha (f) | piraňa (ž) | [pɪranʲja] |

tubarão (m)	žralok (m)	[ʒralok]
golfinho (m)	delfín (m)	[dɛlfi:n]
baleia (f)	velryba (ž)	[vɛlrɪba]

caranguejo (m)	krab (m)	[krap]
água-viva (f)	medúza (ž)	[mɛdu:za]
polvo (m)	chobotnice (ž)	[xobotnɪtsɛ]

estrela-do-mar (f)	hvězdice (ž)	[hvezdɪtsɛ]
ouriço-do-mar (m)	ježovka (ž)	[jɛʒofka]
cavalo-marinho (m)	mořský koníček (m)	[morʃski: koni:tʃɛk]

ostra (f)	ústřice (ž)	[u:strʃɪtsɛ]
camarão (m)	kreveta (ž)	[krɛvɛta]
lagosta (f)	humr (m)	[humr]
lagosta (f)	langusta (ž)	[langusta]

182. Anfíbios. Répteis

cobra (f)	had (m)	[hat]
venenoso (adj)	jedovatý	[jɛdovati:]
víbora (f)	zmije (ž)	[zmɪjɛ]
naja (f)	kobra (ž)	[kobra]
píton (m)	krajta (ž)	[krajta]
jiboia (f)	hroznýš (m)	[hrozni:ʃ]
cobra-de-água (f)	užovka (ž)	[uʒofka]
cascavel (f)	chřestýš (m)	[xrʃɛsti:ʃ]
anaconda (f)	anakonda (ž)	[anakonda]
lagarto (m)	ještěrka (ž)	[jɛʃterka]
iguana (f)	leguán (m)	[lɛgua:n]
varano (m)	varan (m)	[varan]
salamandra (f)	mlok (m)	[mlok]
camaleão (m)	chameleón (m)	[xamɛlɛo:n]
escorpião (m)	štír (m)	[ʃti:r]
tartaruga (f)	želva (ž)	[ʒelva]
rã (f)	žába (ž)	[ʒa:ba]
sapo (m)	ropucha (ž)	[ropuxa]
crocodilo (m)	krokodýl (m)	[krokodi:l]

183. Insetos

inseto (m)	hmyz (m)	[hmɪz]
borboleta (f)	motýl (m)	[moti:l]
formiga (f)	mravenec (m)	[mravɛnɛʦ]
mosca (f)	moucha (ž)	[mouxa]
mosquito (m)	komár (m)	[koma:r]
escaravelho (m)	brouk (m)	[brouk]
vespa (f)	vosa (ž)	[vosa]
abelha (f)	včela (ž)	[vʧɛla]
mamangaba (f)	čmelák (m)	[ʧmɛla:k]
moscardo (m)	střeček (m)	[strʃɛʧɛk]
aranha (f)	pavouk (m)	[pavouk]
teia (f) de aranha	pavučina (ž)	[pavuʧɪna]
libélula (f)	vážka (ž)	[va:ʃka]
gafanhoto (m)	kobylka (ž)	[kobɪlka]
traça (f)	motýl (m)	[moti:l]
barata (f)	šváb (m)	[ʃva:p]
carrapato (m)	klíště (s)	[kli:ʃte]
pulga (f)	blecha (ž)	[blɛxa]
borrachudo (m)	muška (ž)	[muʃka]
gafanhoto (m)	saranče (ž)	[saranʧɛ]
caracol (m)	hlemýžď (m)	[hlɛmi:ʒtʲ]

grilo (m)	cvrček (m)	[ʦvrʧɛk]
pirilampo, vaga-lume (m)	svatojánská muška (ž)	[svatoja:nska: muʃka]
joaninha (f)	slunéčko (s) sedmitečné	[slunɛ:ʧko sɛdmɪtɛʧnɛ:]
besouro (m)	chroust (m)	[xroust]

sanguessuga (f)	piavice (ž)	[pɪavɪʦɛ]
lagarta (f)	housenka (ž)	[housɛŋka]
minhoca (f)	červ (m)	[ʧɛrf]
larva (f)	larva (ž)	[larva]

184. Animais. Partes do corpo

bico (m)	zobák (m)	[zoba:k]
asas (f pl)	křídla (s mn)	[krʃi:dla]
pata (f)	běhák (m)	[beha:k]
plumagem (f)	opeření (s)	[opɛrʒɛni:]
pena, pluma (f)	pero (s)	[pɛro]
crista (f)	chochol (m)	[xoxol]

brânquias, guelras (f pl)	žábry (ž mn)	[ʒa:brɪ]
ovas (f pl)	jikry (ž mn)	[jɪkrɪ]
larva (f)	larva (ž)	[larva]
barbatana (f)	ploutev (ž)	[ploutɛf]
escama (f)	šupiny (ž mn)	[ʃupɪnɪ]

presa (f)	kel (m)	[kɛl]
pata (f)	tlapa (ž)	[tlapa]
focinho (m)	čumák (m)	[ʧuma:k]
boca (f)	tlama (ž)	[tlama]
cauda (f), rabo (m)	ocas (m)	[oʦas]
bigodes (m pl)	vousy (m mn)	[vousɪ]

| casco (m) | kopyto (s) | [kopɪto] |
| corno (m) | roh (m) | [rox] |

carapaça (f)	krunýř (m)	[kruni:rʃ]
concha (f)	škeble (ž)	[ʃkɛblɛ]
casca (f) de ovo	skořápka (ž)	[skorʒa:pka]

| pelo (m) | srst (ž) | [srst] |
| pele (f), couro (m) | kůže (ž) | [ku:ʒe] |

185. Animais. Habitats

| hábitat (m) | životní prostředí (s) | [ʒɪvotni: prostrʃɛdi:] |
| migração (f) | stěhování (s) | [stehova:ni:] |

montanha (f)	hora (ž)	[hora]
recife (m)	útes (m)	[u:tɛs]
falésia (f)	skála (ž)	[ska:la]
floresta (f)	les (m)	[lɛs]
selva (f)	džungle (ž)	[dʒunglɛ]

savana (f)   savana (ž)   [savana]
tundra (f)   tundra (ž)   [tundra]

estepe (f)   step (ž)   [stɛp]
deserto (m)   poušť (ž)   [pouʃtⁱ]
oásis (m)   oáza (ž)   [oa:za]

mar (m)   moře (s)   [morʒɛ]
lago (m)   jezero (s)   [jɛzɛro]
oceano (m)   oceán (m)   [otsɛa:n]

pântano (m)   bažina (ž)   [baʒɪna]
de água doce   sladkovodní   [slatkovodni:]
lagoa (f)   rybník (m)   [rɪbni:k]
rio (m)   řeka (ž)   [rʒɛka]

toca (f) do urso   brloh (m)   [brlox]
ninho (m)   hnízdo (s)   [hni:zdo]
buraco (m) de árvore dutina (ž)   [dutɪna]
toca (f)   doupě (s)   [doupe]
formigueiro (m)   mraveniště (s)   [mravɛnɪʃte]

Flora

186. Árvores

árvore (f)	strom (m)	[strom]
decídua (adj)	listnatý	[lɪstnati:]
conífera (adj)	jehličnatý	[jɛhlɪʧnati:]
perene (adj)	stálezelená	[sta:lɛzɛlɛna:]
macieira (f)	jabloň (ž)	[jabloɲ]
pereira (f)	hruška (ž)	[hruʃka]
cerejeira (f)	třešně (ž)	[trʃɛʃne]
ginjeira (f)	višně (ž)	[vɪʃne]
ameixeira (f)	švestka (ž)	[ʃvɛstka]
bétula (f)	bříza (ž)	[brʒi:za]
carvalho (m)	dub (m)	[dup]
tília (f)	lípa (ž)	[li:pa]
choupo-tremedor (m)	osika (ž)	[osɪka]
bordo (m)	javor (m)	[javor]
espruce (m)	smrk (m)	[smrk]
pinheiro (m)	borovice (ž)	[borovɪʦɛ]
alerce, lariço (m)	modřín (m)	[modrʒi:n]
abeto (m)	jedle (ž)	[jɛdlɛ]
cedro (m)	cedr (m)	[ʦɛdr]
choupo, álamo (m)	topol (m)	[topol]
tramazeira (f)	jeřáb (m)	[jɛrʒa:p]
salgueiro (m)	jíva (ž)	[ji:va]
amieiro (m)	olše (ž)	[olʃɛ]
faia (f)	buk (m)	[buk]
ulmeiro, olmo (m)	jilm (m)	[jɪlm]
freixo (m)	jasan (m)	[jasan]
castanheiro (m)	kaštan (m)	[kaʃtan]
magnólia (f)	magnólie (ž)	[magno:lɪe]
palmeira (f)	palma (ž)	[palma]
cipreste (m)	cypřiš (m)	[ʦɪprʃɪʃ]
mangue (m)	mangróvie (ž)	[mangro:vɪe]
embondeiro, baobá (m)	baobab (m)	[baobap]
eucalipto (m)	eukalypt (m)	[ɛukalɪpt]
sequoia (f)	sekvoje (ž)	[sɛkvojɛ]

187. Arbustos

arbusto (m)	keř (m)	[kɛrʃ]
arbusto (m), moita (f)	křoví (s)	[krʃovi:]

| videira (f) | vinná réva (s) | [vɪnna: reːva] |
| vinhedo (m) | vinice (ž) | [vɪnɪtsɛ] |

framboeseira (f)	maliny (ž mn)	[malɪnɪ]
groselheira-vermelha (f)	červený rybíz (m)	[tʃɛrvɛni: rɪbiːz]
groselheira (f) espinhosa	angrešt (m)	[angrɛʃt]

acácia (f)	akácie (ž)	[aka:tsɪe]
bérberis (f)	dřišťál (m)	[drʒɪʃtʲaːl]
jasmim (m)	jasmín (m)	[jasmiːn]

junípero (m)	jalovec (m)	[jalovɛts]
roseira (f)	růžový keř (m)	[ruːʒovi: kɛrʃ]
roseira (f) brava	šípek (m)	[ʃiːpɛk]

188. Cogumelos

cogumelo (m)	houba (ž)	[houba]
cogumelo (m) comestível	jedlá houba (ž)	[jɛdla: houba]
cogumelo (m) venenoso	jedovatá houba (ž)	[jɛdovata: houba]
chapéu (m)	klobouk (m)	[klobouk]
pé, caule (m)	nožička (ž)	[noʒɪtʃka]

boleto, porcino (m)	hřib (m)	[hrʒɪp]
boleto (m) alaranjado	křemenáč (m)	[krʃɛmɛna:tʃ]
boleto (m) de bétula	kozák (m)	[koza:k]
cantarelo (m)	liška (ž)	[lɪʃka]
rússula (f)	holubinka (ž)	[holubɪŋka]

morchella (f)	smrž (m)	[smrʃ]
agário-das-moscas (m)	muchomůrka (ž) červená	[muxomu:rka tʃɛrvɛna:]
cicuta (f) verde	prašivka (ž)	[praʃɪfka]

189. Frutos. Bagas

maçã (f)	jablko (s)	[jablko]
pera (f)	hruška (ž)	[hruʃka]
ameixa (f)	švestka (ž)	[ʃvɛstka]

morango (m)	zahradní jahody (ž mn)	[zahradni: jahodɪ]
ginja (f)	višně (ž)	[vɪʃne]
cereja (f)	třešně (ž mn)	[trʃɛʃne]
uva (f)	hroznové víno (s)	[hroznovɛ: viːno]

framboesa (f)	maliny (ž mn)	[malɪnɪ]
groselha (f) negra	černý rybíz (m)	[tʃɛrni: rɪbiːz]
groselha (f) vermelha	červený rybíz (m)	[tʃɛrvɛni: rɪbiːz]
groselha (f) espinhosa	angrešt (m)	[angrɛʃt]
oxicoco (m)	klikva (ž)	[klɪkva]

| laranja (f) | pomeranč (m) | [pomɛrantʃ] |
| tangerina (f) | mandarinka (ž) | [mandarɪŋka] |

abacaxi (m)	ananas (m)	[ananas]
banana (f)	banán (m)	[bana:n]
tâmara (f)	datle (ž)	[datlɛ]

limão (m)	citrón (m)	[tsɪtro:n]
damasco (m)	meruňka (ž)	[mɛrunʲka]
pêssego (m)	broskev (ž)	[broskɛf]
quiuí (m)	kiwi (s)	[kɪvɪ]
toranja (f)	grapefruit (m)	[grɛjpfru:t]

baga (f)	bobule (ž)	[bobulɛ]
bagas (f pl)	bobule (ž mn)	[bobulɛ]
arando (m) vermelho	brusinky (ž mn)	[brusɪŋkɪ]
morango-silvestre (m)	jahody (ž mn)	[jahodɪ]
mirtilo (m)	borůvky (ž mn)	[boru:fkɪ]

190. Flores. Plantas

| flor (f) | květina (ž) | [kvetɪna] |
| buquê (m) de flores | kytice (ž) | [kɪtɪtsɛ] |

rosa (f)	růže (ž)	[ru:ʒe]
tulipa (f)	tulipán (m)	[tulɪpa:n]
cravo (m)	karafiát (m)	[karafɪa:t]
gladíolo (m)	mečík (m)	[mɛtʃi:k]

centáurea (f)	chrpa (ž)	[xrpa]
campainha (f)	zvoneček (m)	[zvonɛtʃɛk]
dente-de-leão (m)	pampeliška (ž)	[pampɛlɪʃka]
camomila (f)	heřmánek (m)	[hɛrʒma:nɛk]

aloé (m)	aloe (s)	[aloɛ]
cacto (m)	kaktus (m)	[kaktus]
fícus (m)	fíkus (m)	[fi:kus]

lírio (m)	lilie (ž)	[lɪlɪe]
gerânio (m)	geránie (ž)	[gera:nɪe]
jacinto (m)	hyacint (m)	[hɪatsɪnt]

mimosa (f)	citlivka (ž)	[tsɪtlɪfka]
narciso (m)	narcis (m)	[nartsɪs]
capuchinha (f)	potočnice (ž)	[pototʃnɪtsɛ]

orquídea (f)	orchidej (ž)	[orxɪdɛj]
peônia (f)	pivoňka (ž)	[pɪvonʲka]
violeta (f)	fialka (ž)	[fɪalka]

amor-perfeito (m)	maceška (ž)	[matsɛʃka]
não-me-esqueças (m)	pomněnka (ž)	[pomneŋka]
margarida (f)	sedmikráska (ž)	[sɛdmɪkra:ska]

papoula (f)	mák (m)	[ma:k]
cânhamo (m)	konopě (ž)	[konope]
hortelã, menta (f)	máta (ž)	[ma:ta]

lírio-do-vale (m)	konvalinka (ž)	[konvalɪŋka]
campânula-branca (f)	sněženka (ž)	[sneʒeŋka]

urtiga (f)	kopřiva (ž)	[koprʃɪva]
azedinha (f)	šťovík (m)	[ʃtʲoviːk]
nenúfar (m)	leknín (m)	[lɛkniːn]
samambaia (f)	kapradí (s)	[kapradiː]
líquen (m)	lišejník (m)	[lɪʃɛjniːk]

estufa (f)	oranžérie (ž)	[oranʒeːrɪe]
gramado (m)	trávník (m)	[traːvniːk]
canteiro (m) de flores	květinový záhonek (m)	[kvetɪnoviː zaːhonɛk]

planta (f)	rostlina (ž)	[rostlɪna]
grama (f)	tráva (ž)	[traːva]
folha (f) de grama	stéblo (s) trávy	[stɛːblo traːvɪ]

folha (f)	list (m)	[lɪst]
pétala (f)	okvětní lístek (m)	[okvetni: li:stɛk]
talo (m)	stéblo (s)	[stɛːblo]
tubérculo (m)	hlíza (ž)	[hliːza]

broto, rebento (m)	výhonek (m)	[viːhonɛk]
espinho (m)	osten (m)	[ostɛn]

florescer (vi)	kvést	[kvɛːst]
murchar (vi)	vadnout	[vadnout]
cheiro (m)	vůně (ž)	[vuːne]
cortar (flores)	uříznout	[urʒiːznout]
colher (uma flor)	utrhnout	[utrhnout]

191. Cereais, grãos

grão (m)	obilí (s)	[obɪliː]
cereais (plantas)	obilniny (ž mn)	[obɪlnɪnɪ]
espiga (f)	klas (m)	[klas]

trigo (m)	pšenice (ž)	[pʃɛnɪtsɛ]
centeio (m)	žito (s)	[ʒɪto]
aveia (f)	oves (m)	[ovɛs]
painço (m)	jáhly (ž mn)	[jaːhlɪ]
cevada (f)	ječmen (m)	[jɛtʃmɛn]

milho (m)	kukuřice (ž)	[kukurʒɪtsɛ]
arroz (m)	rýže (ž)	[riːʒe]
trigo-sarraceno (m)	pohanka (ž)	[pohaŋka]

ervilha (f)	hrách (m)	[hraːx]
feijão (m) roxo	fazole (ž)	[fazolɛ]
soja (f)	sója (ž)	[soːja]
lentilha (f)	čočka (ž)	[tʃotʃka]
feijão (m)	boby (m mn)	[bobɪ]

GEOGRAFIA REGIONAL

Países. Nacionalidades

192. Política. Governo. Parte 1

política (f)	politika (ž)	[polɪtɪka]
político (adj)	politický	[polɪtɪtski:]
político (m)	politik (m)	[polɪtɪk]
estado (m)	stát (m)	[sta:t]
cidadão (m)	občan (m)	[obtʃan]
cidadania (f)	státní příslušnost (ž)	[sta:tni: prʃi:sluʃnost]
brasão (m) de armas	státní znak (m)	[sta:tni: znak]
hino (m) nacional	státní hymna (ž)	[sta:tni: hɪmna]
governo (m)	vláda (ž)	[vla:da]
Chefe (m) de Estado	hlava (m) státu	[hlava sta:tu]
parlamento (m)	parlament (m)	[parlamɛnt]
partido (m)	strana (ž)	[strana]
capitalismo (m)	kapitalismus (m)	[kapɪtalɪzmus]
capitalista (adj)	kapitalistický	[kapɪtalɪstɪtski:]
socialismo (m)	socialismus (m)	[sotsɪalɪzmus]
socialista (adj)	socialistický	[sotsɪalɪstɪtski:]
comunismo (m)	komunismus (m)	[komunɪzmus]
comunista (adj)	komunistický	[komunɪstɪtski:]
comunista (m)	komunista (m)	[komunɪsta]
democracia (f)	demokracie (ž)	[dɛmokratsɪe]
democrata (m)	demokrat (m)	[dɛmokrat]
democrático (adj)	demokratický	[dɛmokratɪtski:]
Partido (m) Democrático	demokratická strana (ž)	[dɛmokratɪtska: strana]
liberal (m)	liberál (m)	[lɪbɛra:l]
liberal (adj)	liberální	[lɪbɛra:lni:]
conservador (m)	konzervativec (m)	[konzɛrvatɪvɛts]
conservador (adj)	konzervativní	[konzɛrvatɪvni:]
república (f)	republika (ž)	[rɛpublɪka]
republicano (m)	republikán (m)	[rɛpublɪka:n]
Partido (m) Republicano	republikánská strana (ž)	[rɛpublɪka:nska: strana]
eleições (f pl)	volby (ž mn)	[volbɪ]
eleger (vt)	volit	[volɪt]

| eleitor (m) | volič (m) | [volɪtʃ] |
| campanha (f) eleitoral | volební kampaň (ž) | [volɛbni: kampanʲ] |

votação (f)	hlasování (s)	[hlasova:ni:]
votar (vi)	hlasovat	[hlasovat]
sufrágio (m)	hlasovací právo (s)	[hlasovatsi: pra:vo]

candidato (m)	kandidát (m)	[kandɪda:t]
candidatar-se (vi)	kandidovat	[kandɪdovat]
campanha (f)	kampaň (ž)	[kampanʲ]

| da oposição | opoziční | [opozɪtʃni:] |
| oposição (f) | opozice (ž) | [opozɪtsɛ] |

visita (f)	návštěva (ž)	[na:vʃteva]
visita (f) oficial	oficiální návštěva (ž)	[ofɪtsɪa:lni: na:fʃteva]
internacional (adj)	mezinárodní	[mɛzɪna:rodni:]

| negociações (f pl) | jednání (s) | [jɛdna:ni:] |
| negociar (vi) | jednat | [jɛdnat] |

193. Política. Governo. Parte 2

sociedade (f)	společnost (ž)	[spolɛtʃnost]
constituição (f)	ústava (ž)	[u:stava]
poder (ir para o ~)	moc (ž)	[mots]
corrupção (f)	korupce (ž)	[koruptsɛ]

| lei (f) | zákon (m) | [za:kon] |
| legal (adj) | zákonný | [za:konni:] |

| justeza (f) | spravedlivost (ž) | [spravɛdlɪvost] |
| justo (adj) | spravedlivý | [spravɛdlɪvi:] |

comitê (m)	výbor (m)	[vi:bor]
projeto-lei (m)	návrh (m) zákona	[na:vrx za:kona]
orçamento (m)	rozpočet (m)	[rozpotʃɛt]
política (f)	politika (ž)	[polɪtɪka]
reforma (f)	reforma (ž)	[rɛforma]
radical (adj)	radikální	[radɪka:lni:]

força (f)	síla (ž)	[si:la]
poderoso (adj)	silný	[sɪlni:]
partidário (m)	stoupenec (m)	[stoupɛnɛts]
influência (f)	vliv (m)	[vlɪf]

regime (m)	režim (m)	[rɛʒɪm]
conflito (m)	konflikt (m)	[konflɪkt]
conspiração (f)	spiknutí (s)	[spɪknuti:]
provocação (f)	provokace (ž)	[provokatsɛ]

derrubar (vt)	svrhnout	[svrhnout]
derrube (m), queda (f)	svržení (s)	[svrʒeni:]
revolução (f)	revoluce (ž)	[rɛvolutsɛ]

golpe (m) de Estado	převrat (m)	[prʃɛvrat]
golpe (m) militar	vojenský převrat (m)	[vojɛnski: prʃɛvrat]
crise (f)	krize (ž)	[krɪzɛ]
recessão (f) econômica	hospodářský pokles (m)	[hospoda:rʃski: poklɛs]
manifestante (m)	demonstrant (m)	[dɛmonstrant]
manifestação (f)	demonstrace (ž)	[dɛmonstraʦɛ]
lei (f) marcial	válečný stav (m)	[va:lɛtʃni: staf]
base (f) militar	základna (ž)	[za:kladna]
estabilidade (f)	stabilita (ž)	[stabɪlɪta]
estável (adj)	stabilní	[stabɪlni:]
exploração (f)	vykořisťování (s)	[vɪkorʒɪsťova:ni:]
explorar (vt)	vykořisťovat	[vɪkorʒɪsťovat]
racismo (m)	rasismus (m)	[rasɪzmus]
racista (m)	rasista (m)	[rasɪsta]
fascismo (m)	fašismus (m)	[faʃɪzmus]
fascista (m)	fašista (m)	[faʃɪsta]

194. Países. Diversos

estrangeiro (m)	cizinec (m)	[ʦɪzɪnɛʦ]
estrangeiro (adj)	cizí	[ʦɪzi:]
no estrangeiro	v zahraničí	[v zahranɪtʃi:]
emigrante (m)	emigrant (m)	[ɛmɪgrant]
emigração (f)	emigrace (ž)	[ɛmɪgraʦɛ]
emigrar (vi)	emigrovat	[ɛmɪgrovat]
Ocidente (m)	Západ (m)	[za:pat]
Oriente (m)	Východ (m)	[vi:xot]
Extremo Oriente (m)	Dálný východ (m)	[da:lni: vi:xot]
civilização (f)	civilizace (ž)	[ʦɪvɪlɪzaʦɛ]
humanidade (f)	lidstvo (s)	[lɪdstvo]
mundo (m)	svět (m)	[svet]
paz (f)	mír (m)	[mi:r]
mundial (adj)	světový	[svetovi:]
pátria (f)	vlast (ž)	[vlast]
povo (população)	lid (m)	[lɪt]
população (f)	obyvatelstvo (s)	[obɪvatɛlstvo]
gente (f)	lidé (m mn)	[lɪdɛ:]
nação (f)	národ (m)	[na:rot]
geração (f)	generace (ž)	[gɛnɛraʦɛ]
território (m)	území (s)	[u:zɛmi:]
região (f)	region (m)	[rɛgɪon]
estado (m)	stát (m)	[sta:t]
tradição (f)	tradice (ž)	[tradɪʦɛ]
costume (m)	zvyk (m)	[zvɪk]

ecologia (f)	ekologie (ž)	[ɛkologɪe]
índio (m)	Indián (m)	[ɪndɪaːn]
cigano (m)	Rom (m)	[rom]
cigana (f)	Romka (ž)	[romka]
cigano (adj)	romský	[romski:]

império (m)	říše (ž)	[rʒiːʃɛ]
colônia (f)	kolonie (ž)	[kolonɪe]
escravidão (f)	otroctví (s)	[otroʦtviː]
invasão (f)	vpád (m)	[vpaːt]
fome (f)	hlad (m)	[hlat]

195. Grupos religiosos mais importantes. Confissões

| religião (f) | náboženství (s) | [naːboʒenstviː] |
| religioso (adj) | náboženský | [naːboʒenski:] |

crença (f)	víra (ž)	[viːra]
crer (vt)	věřit	[verʒɪt]
crente (m)	věřící (m)	[verʒiːʦiː]

| ateísmo (m) | ateizmus (m) | [atɛɪzmus] |
| ateu (m) | ateista (m) | [atɛɪsta] |

cristianismo (m)	křesťanství (s)	[krʃɛstʲanstviː]
cristão (m)	křesťan (m)	[krʃɛstʲan]
cristão (adj)	křesťanský	[krʃɛstʲanski:]

catolicismo (m)	katolicismus (m)	[katolɪʦɪzmus]
católico (m)	katolík (m)	[katoliːk]
católico (adj)	katolický	[katolɪʦki:]

protestantismo (m)	protestantismus (m)	[protɛstantɪzmus]
Igreja (f) Protestante	protestantská církev (ž)	[protɛstanʦka: ʦiːrkɛʃ]
protestante (m)	protestant (m)	[protɛstant]

ortodoxia (f)	pravoslaví (s)	[pravoslaviː]
Igreja (f) Ortodoxa	pravoslavná církev (ž)	[pravoslavna: ʦiːrkɛʃ]
ortodoxo (m)	pravoslavný (m)	[pravoslavniː]

presbiterianismo (m)	presbyteriánství (s)	[prɛzbɪtɛrɪaːnstviː]
Igreja (f) Presbiteriana	presbyteriánská církev (ž)	[prɛzbɪtɛrɪaːnska: ʦiːrkɛʃ]
presbiteriano (m)	presbyterián (m)	[prɛzbɪtɛrɪaːn]

| luteranismo (m) | luteránská církev (ž) | [lutɛraːnska: ʦiːrkɛʃ] |
| luterano (m) | luterán (m) | [lutɛraːn] |

| Igreja (f) Batista | baptismus (m) | [baptɪzmus] |
| batista (m) | baptista (m) | [baptɪsta] |

Igreja (f) Anglicana	anglikánská církev (ž)	[anglɪka:nska: ʦiːrkɛʃ]
anglicano (m)	anglikán (m)	[anglɪkaːn]
mormonismo (m)	Mormonism (m)	[mormonɪzm]
mórmon (m)	mormon (m)	[mormon]

Judaísmo (m)	judaismus (m)	[judaɪzmus]
judeu (m)	žid (m)	[ʒɪt]
budismo (m)	buddhismus (m)	[budhɪzmus]
budista (m)	buddhista (m)	[budhɪsta]
hinduísmo (m)	hinduismus (m)	[hɪndujɪzmus]
hindu (m)	Hinduista (m)	[hɪnduɪsta]
Islã (m)	islám (m)	[ɪsla:m]
muçulmano (m)	muslim (m)	[muslɪm]
muçulmano (adj)	muslimský	[muslɪmski:]
xiismo (m)	šíitský islám (m)	[ʃi:ɪtski: ɪsla:m]
xiita (m)	šíita (ż)	[ʃi:ɪta]
sunismo (m)	Sunnitský islám (m)	[sunnɪtski: ɪsla:m]
sunita (m)	Sunnita (m)	[sunnɪta]

196. Religiões. Padres

padre (m)	kněz (m)	[knez]
Papa (m)	Papež (m)	[papɛʃ]
monge (m)	mnich (m)	[mnɪx]
freira (f)	jeptiška (ż)	[jɛptɪʃka]
pastor (m)	pastor (m)	[pastor]
abade (m)	opat (m)	[opat]
vigário (m)	vikář (m)	[vɪka:rʃ]
bispo (m)	biskup (m)	[bɪskup]
cardeal (m)	kardinál (m)	[kardɪna:l]
pregador (m)	kazatel (m)	[kazatɛl]
sermão (m)	kázání (s)	[ka:za:ni:]
paroquianos (pl)	farnost (ż)	[farnost]
crente (m)	věřící (m)	[verʒi:ʦi:]
ateu (m)	ateista (m)	[atɛɪsta]

197. Fé. Cristianismo. Islão

Adão	Adam (m)	[adam]
Eva	Eva (ż)	[ɛva]
Deus (m)	Bůh (m)	[bu:x]
Senhor (m)	Pán (m)	[pa:n]
Todo Poderoso (m)	Všemohoucí (m)	[vʃɛmohouʦi:]
pecado (m)	hřích (m)	[hrʒi:x]
pecar (vi)	hřešit	[hrʒɛʃɪt]
pecador (m)	hříšník (m)	[hrʒiʃni:k]

pecadora (f)	hříšnice (ž)	[hrʒɪʃnɪtsɛ]
inferno (m)	peklo (s)	[pɛklo]
paraíso (m)	ráj (m)	[ra:j]

| Jesus | Ježíš (m) | [jɛʒi:ʃ] |
| Jesus Cristo | Ježíš Kristus (m) | [jɛʒi:ʃ krɪstus] |

Espírito (m) Santo	Duch (m) Svatý	[dux svati:]
Salvador (m)	Spasitel (m)	[spasɪtɛl]
Virgem Maria (f)	Bohorodička (ž)	[bohorodɪtʃka]

Diabo (m)	ďábel (m)	[dʲa:bɛl]
diabólico (adj)	ďábelský	[dʲa:bɛlski:]
Satanás (m)	satan (m)	[satan]
satânico (adj)	satanský	[satanski:]

anjo (m)	anděl (m)	[andel]
anjo (m) da guarda	anděl (m) strážný	[andel stra:ʒni:]
angelical	andělský	[andelski:]

apóstolo (m)	apoštol (m)	[apoʃtol]
arcanjo (m)	archanděl (m)	[arxandel]
anticristo (m)	antikrist (m)	[antɪkrɪst]

Igreja (f)	Církev (ž)	[tsi:rkɛf]
Bíblia (f)	Bible (ž)	[bɪblɛ]
bíblico (adj)	biblický	[bɪblɪtski:]

Velho Testamento (m)	Starý zákon (m)	[stari: za:kon]
Novo Testamento (m)	Nový zákon (m)	[novi: za:kon]
Evangelho (m)	Evangelium (s)	[ɛvangɛlɪum]
Sagradas Escrituras (f pl)	Písmo (s) svaté	[pi:smo svatɛ:]
Céu (sete céus)	nebeské království (s)	[nɛbɛskɛ: kra:lovstvi:]

mandamento (m)	přikázání (s)	[prʃɪka:za:ni:]
profeta (m)	prorok (m)	[prorok]
profecia (f)	proroctví (s)	[prorotstvi:]

Alá (m)	Alláh (m)	[ala:x]
Maomé (m)	Mohamed (m)	[mohamɛt]
Alcorão (m)	Korán (m)	[kora:n]

mesquita (f)	mešita (ž)	[mɛʃɪta]
mulá (m)	Mullah (m)	[mulla]
oração (f)	modlitba (ž)	[modlɪtba]
rezar, orar (vi)	modlit se	[modlɪt sɛ]

peregrinação (f)	pouť (ž)	[poutʲ]
peregrino (m)	poutník (m)	[poutni:k]
Meca (f)	Mekka (ž)	[mɛka]

igreja (f)	kostel (m)	[kostɛl]
templo (m)	chrám (m)	[xra:m]
catedral (f)	katedrála (ž)	[katɛdra:la]
gótico (adj)	gotický	[gotɪtski:]
sinagoga (f)	synagóga (ž)	[sinago:ga]

mesquita (f)	mešita (ž)	[mɛʃɪta]
capela (f)	kaple (ž)	[kaplɛ]
abadia (f)	opatství (s)	[opatstvi:]
convento (m)	klášter (m)	[kla:ʃtɛr]
monastério (m)	klášter (m)	[kla:ʃtɛr]

sino (m)	zvon (m)	[zvon]
campanário (m)	zvonice (ž)	[zvonɪtsɛ]
repicar (vi)	zvonit	[zvonɪt]

cruz (f)	kříž (m)	[krʃi:ʃ]
cúpula (f)	kopule (ž)	[kopulɛ]
ícone (m)	ikona (ž)	[ɪkona]

alma (f)	duše (ž)	[duʃɛ]
destino (m)	osud (m)	[osut]
mal (m)	zlo (s)	[zlo]
bem (m)	dobro (s)	[dobro]

vampiro (m)	upír (m)	[upi:r]
bruxa (f)	čarodějnice (ž)	[tʃarodejnɪtsɛ]
demônio (m)	démon (m)	[dɛ:mon]
espírito (m)	duch (m)	[dux]

| redenção (f) | vykoupení (s) | [vɪkoupɛni:] |
| redimir (vt) | vykoupit | [vɪkoupɪt] |

missa (f)	bohoslužba (ž)	[bohosluʒba]
celebrar a missa	sloužit	[slouʒɪt]
confissão (f)	zpověď (ž)	[spovetʲ]
confessar-se (vr)	zpovídat se	[spovi:dat sɛ]

santo (m)	světec (m)	[svetɛts]
sagrado (adj)	posvátný	[posva:tni:]
água (f) benta	svěcená voda (ž)	[svetsɛna: voda]

ritual (m)	ritus (m)	[rɪtus]
ritual (adj)	rituální	[rɪtua:lni:]
sacrifício (m)	oběť (ž)	[obetʲ]

superstição (f)	pověra (ž)	[povera]
supersticioso (adj)	pověrčivý	[povertʃɪvi:]
vida (f) após a morte	posmrtný život (m)	[posmrtni: ʒɪvot]
vida (f) eterna	věčný život (m)	[vetʃni: ʒɪvot]

TEMAS DIVERSOS

198. Várias palavras úteis

ajuda (f)	pomoc (ž)	[pomots]
barreira (f)	zábrana (ž)	[za:brana]
base (f)	základna (ž)	[za:kladna]
categoria (f)	kategorie (ž)	[katɛgorɪe]
causa (f)	důvod (m)	[du:vot]
coincidência (f)	shoda (ž)	[sxoda]
coisa (f)	věc (ž)	[vetʃ]
começo, início (m)	začátek (m)	[zatʃa:tɛk]
cômodo (ex. poltrona ~a)	pohodlný	[pohodlni:]
comparação (f)	srovnání (s)	[srovna:ni:]
compensação (f)	kompenzace (ž)	[kompɛnzatsɛ]
crescimento (m)	růst (m)	[ru:st]
desenvolvimento (m)	rozvoj (m)	[rozvoj]
diferença (f)	rozdíl (m)	[rozdi:l]
efeito (m)	efekt (m)	[ɛfɛkt]
elemento (m)	prvek (m)	[prvɛk]
equilíbrio (m)	rovnováha (ž)	[rovnova:ha]
erro (m)	chyba (ž)	[xɪba]
esforço (m)	úsilí (s)	[u:sɪli:]
estilo (m)	sloh (m)	[slox]
exemplo (m)	příklad (m)	[prʃi:klat]
fato (m)	fakt (m)	[fakt]
fim (m)	skončení (s)	[skontʃɛni:]
forma (f)	tvar (m)	[tvar]
frequente (adj)	častý	[tʃasti:]
fundo (ex. ~ verde)	pozadí (s)	[pozadi:]
gênero (tipo)	druh (m)	[drux]
grau (m)	stupeň (m)	[stupɛnʲ]
ideal (m)	ideál (m)	[ɪdɛa:l]
labirinto (m)	labyrint (m)	[labɪrɪnt]
modo (m)	způsob (m)	[spu:sop]
momento (m)	moment (m)	[momɛnt]
objeto (m)	předmět (m)	[prʃɛdmnet]
obstáculo (m)	překážka (ž)	[prʃɛka:ʃka]
original (m)	originál (m)	[orɪgɪna:l]
padrão (adj)	standardní	[standardni:]
padrão (m)	standard (m)	[standart]
paragem (pausa)	přestávka (ž)	[prʃɛsta:fka]
parte (f)	část (ž)	[tʃa:st]

partícula (f)	částice (ž)	[tʃa:stɪtsɛ]
pausa (f)	pauza (ž)	[pauza]
posição (f)	pozice (ž)	[pozɪtsɛ]
princípio (m)	princip (m)	[prɪntsɪp]
problema (m)	problém (m)	[problɛ:m]
processo (m)	proces (m)	[protsɛs]
progresso (m)	pokrok (m)	[pokrok]
propriedade (qualidade)	vlastnost (ž)	[vlastnost]
reação (f)	reakce (ž)	[rɛaktsɛ]
risco (m)	riziko (s)	[rɪzɪko]
ritmo (m)	tempo (s)	[tɛmpo]
segredo (m)	tajemství (s)	[tajɛmstvi:]
série (f)	řada (ž)	[rʒada]
sistema (m)	systém (m)	[sɪstɛ:m]
situação (f)	situace (ž)	[sɪtuatsɛ]
solução (f)	řešení (s)	[rʒɛʃɛni:]
tabela (f)	tabulka (ž)	[tabulka]
termo (ex. ~ técnico)	termín (m)	[tɛrmi:n]
tipo (m)	typ (m)	[tɪp]
urgente (adj)	neodkladný	[nɛotkladni:]
urgentemente	neodkladně	[nɛotkladne]
utilidade (f)	užitek (m)	[uʒɪtɛk]
variante (f)	varianta (ž)	[varɪanta]
variedade (f)	volba (ž)	[volba]
verdade (f)	pravda (ž)	[pravda]
vez (f)	pořadí (s)	[porʒadi:]
zona (f)	pásmo (s)	[pa:smo]

www.ingramcontent.com/pod-product-compliance
Lightning Source LLC
Chambersburg PA
CBHW071342090426

42738CB00012B/2977